大夏书系 | 教育艺术

向美而育

基于融创思想的小学活动教育

林波 —— 著

华东师范大学出版社
·上海·

图书在版编目（CIP）数据

向美而育：基于融创思想的小学活动教育 / 林波著.
—上海：华东师范大学出版社，2023
ISBN 978-7-5760-4411-9

Ⅰ.①向… Ⅱ.①林… Ⅲ.①活动课程—教学研究—小学 Ⅳ.① G622.3

中国国家版本馆 CIP 数据核字（2023）第 233707 号

大夏书系｜教育艺术

向美而育——基于融创思想的小学活动教育

著　者	林　波
责任编辑	程晓云
责任校对	杨　坤
封面设计	奇文云海·设计顾问
出版发行	华东师范大学出版社
社　址	上海市中山北路 3663 号　邮编 200062
网　址	www.ecnupress.com.cn
电　话	021-60821666　行政传真 021-62572105
客服电话	021-62865537
邮购电话	021-62869887
地　址	上海市中山北路 3663 号华东师范大学校内先锋路口
网　店	http://hdsdcbs.tmall.com/
印刷者	北京密兴印刷有限公司
开　本	700×1000　16 开
印　张	14.5
字　数	160 千字
版　次	2024 年 3 月第一版
印　次	2024 年 3 月第一次
印　数	4 100
书　号	ISBN 978-7-5760-4411-9
定　价	59.80 元

出版人　王　焰

（如发现本版图书有印订质量问题，请寄回本社市场部调换或电话 021-62865537 联系）

Contents **目 录**

001 序一 （檀传宝）
003 序二 （朱 郁）

第一章
向美而育，向美生长

003 让教育的语言、形式、过程美起来
006 以"融创"思维重建"美"的教育
010 向美而育的"融创教育"
013 我的"融创教育"探索之路

第二章
生命之美

017 圣洁之爱——化蝶少年节
022 呵护听力——耳朵不能承受的"重"
024 智慧沟通——从迷动画到迷数学
027 学会缓解压力——健康学习法
030 我们去爬树——找回生命的野性和勇气
034 民胞物与——教会学生善待他人
037 保护动物——大象旅游的是与非
040 让实验走进班级——认识饮料的危害
043 爱上健身——告别小胖肚

	046	不再自残——快乐的蚕宝宝养育师
	049	敬畏生命——用种植活动启发孩子
	052	阳光周末——家校共育亲子圈
第三章 学习之美	057	诗韵精神——梅花的香与气
	060	困惑化为资源——我和妈妈"走月亮"
	064	开心的作文课——与小雨的心灵对话
	068	先玩雪，再描写——景色描写不再难
	070	珍视学生的质疑，呈现最美的课堂风景
	074	唤醒感动——真情在细节中流淌
	078	趣学古诗——把诗人当同学
	081	表达之妙——探寻诗歌中的数字之美
	084	创意灯笼——学科融合的魅力
	086	馆校结合——创意"大美课堂"
	089	午间漫谈——《小岛经济学》点燃一把火
	092	学习自主——巧用积分制
	095	学会合作——在解决问题中培养能力
	097	增值评价——关注学生的起点

099 鼓励提问——善用开放性思维

101 顺势而为——把突发事件转化为教学资源

104 趣味阅读——寻找故事的"尾巴"

第四章 行为之美

109 守纪之美——解决问题只是起点

111 男生之美——"长津湖小奖牌"的由来

113 运动之美——从舞龙开始

115 学会交流——班级圈的趣味沟通

118 "坐"的礼仪——这个动作不简单

121 声音之美——班级"rong"文化

123 言行之美——争做"自律节度使"

125 防撞指南——从画图演示开始

127 节能减排——地球发烧我有责

130 手指之美——五个手指有修养

132 爱心鸟巢——帮助新生快速适应

134 向美之心——美德漂流瓶

136 环保意识——在生活的点滴中形成

138 让共享单车排好队

第五章
交往之美

143 特殊的班会——从就事论事到教会沟通

146 健康心理——我的情绪我做主

149 让孩子在"有为"中转变——释放学生的"小宇宙"

152 尊重无价——满族学生可以抬起头

154 学会安慰——借助阅读学会接纳失败

158 真诚道歉——为了一个鄙夷的眼神

162 国画——交往要懂得留白

164 同理心——交往的智慧

166 消解校园欺凌——向传统文化寻求力量

169 健康交往——远离物质刺激

172 打开心扉——问卷照出根本问题

175 有效沟通——让愉悦成为主旋律

178 言传身教——真诚道歉培养健康人格

180 子衿变了——同学的拥抱很重要

182 批评需要善后——不损害师生关系的批评

185 建立友谊——刀锋一样的眼神变软了

187 阅读传记——让学生看清自己

第六章 文化之美

- 191 二十四节气——绕不开的文化课
- 193 重阳登山——学科融合的实践活动
- 195 了解民族图腾——龙
- 197 传统游戏——抖空竹的多重魅力
- 200 少年长征行——传承革命精神
- 202 午间拼图——橘子皮引发的创意
- 204 神奇汉字——有灵魂的符号
- 206 打开心扉——学生小讲堂
- 208 比赛失利——如何面对困难
- 210 创设情境——让学生沉浸在文化中
- 212 对比感悟——什么是勇于担当
- 214 国家认同——祖国多辽阔
- 216 找回雷锋精神——谱写"雷小锋绘本"
- 218 公益列车——感悟社会主义

序 一

"向美而育"何谓？此前我们知道哲学上有"向死而生"的命题。"向死而生"的意思是，只有知道死亡才能真正理解和把握生活。林波老师的著作取名"向美而育"，大概也就是认为：唯有对于美、美育有真正理解的人，才能真正领悟、把握教育之真谛吧。

的确，在两个意义上美育都是无比重要的。

从一般意义上说，古今中外概莫能外，美都是所有社会实践活动的重要标准之一。只有与美携手，教育才能有效率、有活力，达到最为解放人（师生双方）的境界。而美育，不单是指艺术课程的教学，还应该是与德育、智育、体育、劳动教育等相结合的"全方位"的教育。唯有全部教育活动都符合审美标准，才有最健康、有效、高品质的美育和教育。故将美育与"融创教育"的理念和实践相结合，是一个相当不错的尝试。

此外，包括美育在内的人们对于美的追求，还有一个中国的、当代的特殊意义。那就是当代中国已经进入一个"物质丰裕的时代"，人们接受教育的动机已经逐步从饥饿逻辑中挣脱出来，开始了对优质教育和教育本体性价值的追求。而要在教育上更好地适应"人民对美好生活的向往"，就一定要认真锚定受教育者的精神需要。无论是想象力、创造性，还是真正意义上的美育，都是中国社会、中国教育的珍稀资源。而以美为媒，促进教育品质的提高，可谓当代中国教育最为重要的努力方向之一。在这个意义上说，林波老师的《向美而育——基于融创思想的小学活动教育》一书将创造性培育与学校美育相结合的努力和已经取得的教育实效，都值得肯定。

林波善于思考创新，教学活动十分灵动。假以时日，学习与实践这两只翅膀一定还会让她飞得更高更远。我由衷地祝福她。是为序。

檀传宝　北京师范大学教授

2022 年 8 月 25 日

于京师园三乐居

序 二

教育之美，美在探索，美在体验，美在处处感悟文化自信。

为更好地实现教育对学生个体的发展功能，林波老师结合多年教学经验，以日常课堂中的教育现象为出发点，独具创造性地提出了向美而育的"融创教育"，目的是在探索学习中发现教育内涵的美好，落实立德树人的根本任务。

从"美"开始，以"育"为终，林波老师坚持以学生为主体，通过一个个生动的育人故事，诠释向美而育的全过程。热爱自然，珍爱生命，在真挚与感动中感悟生命之美；刻苦学习，创意游戏，在创造与拼搏中感悟学习之美；自觉修养，鉴赏交流，在传统文化中感悟行为之美；真诚友爱，热情乐观，在协同合作中感悟交往之美；坚定自信，融合资源，在创造活动中感悟文化之美。

"从学生的困惑、成长的需求出发，以立德树人为导向，有机融合学生生活中的一切资源，设计富有美感的、创意灵动的教育教学活动，引导学生运用多学科的技能去解决生活中真实的问题，感受探索和成长的快乐，建立美好的精神世界。"——这是对融创教育的定义。在本书中，融创教育的基本路径包括与时事、阅读、心理学、家庭教育等学生真实世界中遇到的一切因素相融合，旨在帮助学生产生追求更好的自己的意愿，从而更好地实现核心素养的提升。

时代召唤向美而育，向美生长。林波老师在师生共创、融教于行的过程中丰富思想、塑造品格、汲取力量，充分体现出教育的时代性与民族性。她的《民胞物与——教会学生善待他人》一文，是为学生生命涂上最健康的底色；她的《开心的作文课——与小雨的心灵对话》一文，让人耳目一新，感受到教学的独特风格；她的《手指之美——五个手指有修养》一文，让人感受到她对教育即生活的灵动诠释；她的《少年长征行——传承革命精神》一文，让人感到教师专业素养的深厚。

学校发展，教师为本，兴校必先强师。身为校长，我欣喜于林波老师扎扎实实的实践和显著的成果，也期望有更多的教育工作者能从此书中获得一份属于自己的美好感动。学高为师，身正为范。作为教师，我们要以更深厚的学识、更广阔的视野，应对不断变化的国家战略发展需要；以坚定不移的决心、终身学习的态度成就教育之美，传递教育之幸福，矢志帮助学生追求更有高度、更有境界、更有品位的人生！

朱　郁　北京市海淀区万泉小学校长

第一章 向美而育,向美生长

教育到底为什么如此事倍功半？我找到的一个答案是：当前教育形式过于僵化，教育过程缺乏美感，难以触及学生的心灵，甚至因为晦涩与枯燥引起学生的反感。要改变现状，我们应该让教育的语言、形式、过程美起来，向美而育。

让教育的语言、形式、过程美起来

不知道大家是否见过这样的情景——

早晨,头发花白的爷爷奶奶们背着沉重的书包,一路叮咛着把孩子送到学校门口,孩子却一脸冷漠地接过书包,毫无感谢之意;

周一升旗仪式,庄严的国歌声响起,操场上的学生却有说有笑,站姿歪歪扭扭,一副以"痞"为美的样子;

学校的广播中刚刚倡导使用文明用语,楼道禁止打闹,可下课铃一响,楼道里依然乱成一片,偶尔还会有粗话脏话飘进耳朵;

中午发饭时,老师提醒要珍惜粮食,鼓励"光盘",但是饭后照样有学生剩一大堆;

课堂上,学生们对闯红灯的现象进行了严厉批评,可放学后走在马路上,依然闯红灯;

在家写作业时,妈妈坐在身边一直督促,孩子依然写得拖拖拉拉,错误百出……

从这些现象中我们可以看到,"教师的道理"要变成"学生的行为"是多么艰难。

人们怒斥社会世风日下，并经常归因于教育。作为教师，我们有委屈——学校对学生的教育可谓苦口婆心："七一"讲爱党，"十一"讲爱国，母亲节讲爱母亲，重阳节讲爱老人，还经常请心理学专家免费辅导家长如何解决学生的心理问题……但是落实到学生，有多少效果呢？

教育到底为什么如此事倍功半？我找到的一个答案是：当前教育形式过于僵化，教育过程缺乏美感，难以触及学生的心灵，甚至因为晦涩与枯燥引起学生的反感。要改变现状，我们应该让教育的语言、形式、过程美起来，向美而育，让学生感受到学习探索与修养身心的美好。

这个答案来自一次偶然的顿悟。那年暑假，我在公园里散步，清晨的阳光格外柔和，一大片绿油油的草坪上，有两个小孩玩得很开心，远处的长椅上坐着她们的妈妈。这两个小孩，一个三四岁，一个六七岁，晨光斜射在她们淡粉色的纱裙上，美得像幅画。我被她们吸引，便停下脚步欣赏这幅美景。不一会儿，两个小孩吃完了手中的零食，拿着包装袋跑过来，扔到了我身边的垃圾桶里。也许因为教育工作者的职业病，我脑子里忽然冒出一个问题，于是顺口问她们："你们为什么没有把包装袋扔在草坪上，而是大老远地跑过来，扔到垃圾桶里呢？"大一点的孩子说："如果扔在草坪上，会被罚款的。"小一点的孩子回头看了看草坪，用稚嫩的声音慢悠悠地说："扔在草坪上，草坪就不美了。"

醍醐灌顶。大点的小孩是基于规则，小点的孩子却是自觉自愿！她是以美作为标准来做出行为选择的。

想起北京师范大学的檀传宝教授多年来一直提倡的"德育美学"："美学是未来的教育学，主张从现在开始，让审美、立美的教育在全部教育生活里成为教育工作者的自觉,让审美标准成为所有教育实践的基本标准与常识……求得人格及其发展的自由与完整。"(《现代德育应当尽快建立"德育美学观"》,《中小学德育》2015年第12期)那一刻,我深切地懂得了这段话。

教育的任务应该是在学生幼小的心灵当中,种上"向美、懂美、崇美"的种子。教师应当在教学中,引领学生开启美的大门,感受到生命的美好、学习的美好、交往的美好、文化的美好。当学生知道并认同什么样的语言是美的,什么样的仪态是美的,什么样的行为是美的,什么样的心灵是美的,什么样的追求是美的,他们就会自律,我们自然也就不必"喋喋不休、谆谆教诲"了。

从那一刻起,我就开始思考"向美而育"的理念,并在设计教育教学活动时,汲取"美"的元素,加入"美"的维度。

以"融创"思维重建"美"的教育

十多年下来,这些探索让我获得了很多美好的感受。我关注孩子生活的状态,关注孩子成长的环境,尤其关注孩子内心的渴求。

一次教学会上,老师们抱怨和学生之间总有一种隔阂的感觉——教师尽心尽力地设计教学方式、教学环节,可在课堂上,学生好像感受不到教师为自己所做的一切,永远是"墙里秋千墙外道,墙外行人,墙里佳人笑",似乎谁也理解不了对方,无法进行心灵的碰撞。于是,我分享了自己的思考和实践,"花褪残红青杏小,燕子飞时,绿水人家绕"的教育描述引起了许多教师的共鸣。

这是苏轼的《蝶恋花·春景》中的词。"花褪残红青杏小,燕子飞时,绿水人家绕。"这就是我心中期盼的教育风光,一切都那么自然、从容,如同学生的发展变化,都是在自然律令下发生的。"花"就是有褪色的时候,"果"就是有小、青涩的时候,孩子的个性不会千篇一律,成长也不会同时发生。燕子要飞的地方一定有山有水,大自然的一切都有其成长发育的过程和节奏。学生也不例外,学生的成长更需要这样的"绿色生态"。如果我们能在教育当中给学生营造这样一种"春景",这样一种自然而然的生态环境，课堂上自然就会有许许多多的小种子、小苗苗找到适合自己的土壤、阳光、雨露，在那里快乐地吮吸营养，快乐地成长，课堂就会充满生机，充满惊喜，充满魅力，充满美。

后来，我开始系统研究向美而育的具体路径——"融创教育"，并申报了北京市的课题。

我这样定义"融创教育"——从学生的困惑、成长的需求出发，以立德树人为导向，有机融合学生生活中的一切资源，设计富有美感的、创意灵动的教育教学活动，引导学生运用多学科的技能去解决生活中真实的问题，感受探索和成长的快乐，建立美好的精神世界。

"融创教育"需要教师具备"融创"的思维和能力。

"融"的理念来自中国传统文化的智慧。悠悠几千年的历史中，我们的民族在遇到任何困难时，总是善于融合各种有利的因素去解决，从而形成民族独有的对"和"的信仰，这对教学一样具有指导意义。

"创"的理念更是我从事教师工作这几十年中不变的追求。因为学生在变，时代在变，社会在变，世界更是风云变幻，坚持以创新的观念去解决问题，以创意的思想去设计教学活动，才能满足不同学生成长的需要。

值得注意的是，"向美而育"中的"美"有两个维度：一是教师要坚持不懈地在学科教学和学校活动中培养学生成为具备美德的人；二是要基于此目标给学生创设富有激情和趣味的、指向真善美的教学活动，关注学生的体验。

也就是说，我们既要关注育人的结果，也要关注育人的过程。

首先，教师应根据学生的学习需要，灵活地调整、整合教育时间，把学生学习成长中的困惑与教学内容相联系，创造符合学生思维发展、有利于学生能力提升的教育方式，给学生思维成长以足够的自由空间，让学生体验探索的美好、成功的自豪，感受"过程之美"。

其次，教师要在教学过程中，开拓教育资源，积极融合一切与"美"相关的资源，如文学艺术、个人爱好、社会热点、传统文化、课外阅读、家庭生活、学校活动、社会场馆等，让学生在美好的体验中提升修养，形成"向美之心"。

最后，教师要善于设计项目式学习、主题式学习，以跨学科综合性实践活动为学生搭设平台，引导学生在合作探索的过程中，用美的标准要求自己，做到"求美之行"。

"融创教育"追求灵动之美，其教学活动设计突出跨学科思想。在"融创教育"理念下，教师可以用如下思路设计教育教学活动（见图1）。

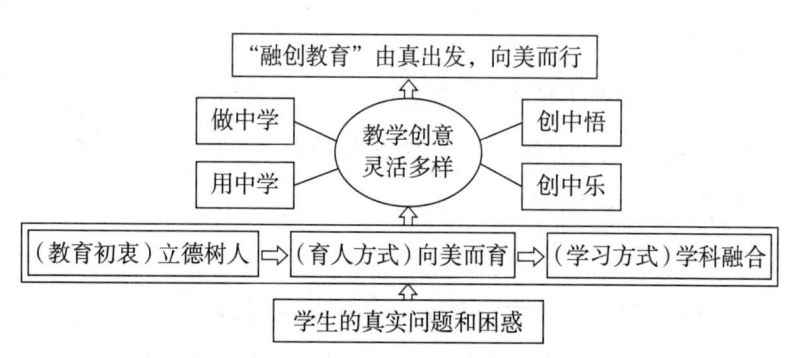

图1 "融创教育"理念下教师具体设计教育教学活动的思路

第一步是"融"。以学生为圆心，以学生的困惑为教育教学的出发点，把学生生活中遇到的一切因素都作为教育资源融合到学生的学习中，增加学生的亲切感，体会"学习即生活"的轻松自然。第二步是"创"。教师基于学生的问题和困惑，围绕育人目标，连接各学科并进行整合，与相关学科老师探索教育重点，设计丰富多样的教学活动，激发学生对学习的兴趣，提升学生对主动探索的认同，引导学生在做中学、用中学、创中悟、创中乐，鼓励学生追寻更好的自己。

向美而育的"融创教育"

"融创教育"的核心是"向美而育","融"和"创"都是方法,"融"是"创"的基础,"创"是"融"的表现。没有"融"的过程,不容易有好的"创";没有"创","融"也就失去了意义。(见图2)

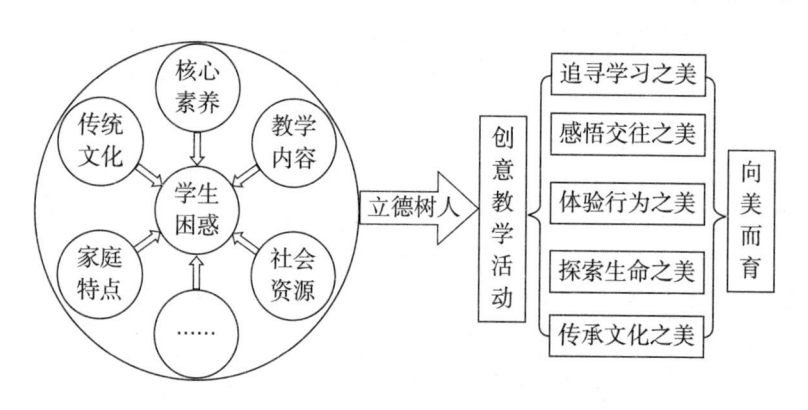

图2 向美而育的"融创教育"示意图

"融"的途径有如下几条:

与传统文化融合——传统文化渗透在各个学科中,要善于整合,让学生感悟到传统文化的趣味,从中汲取成长的力量。

与时事融合——时事最容易激发讨论的热情,是把学科所学知识、技能进行运用理解的平台。

与阅读融合——把阅读中积累的知识应用到教育教学中，训练学生思维的广度和深度，帮助学生养成良好的行为习惯。

跨学科融合——创设跨学科的教学活动，给学生综合运用已学知识技能的机会，培养学生的创新精神。

与课堂事件融合——把学生之间发生的事件或学校的事件结合到教育中，让学生联系实际思考问题，提升解决问题的能力。

与心理学融合——把学生的心理健康教育融入教学，尤其是语文、道德与法治等学科，借助课内知识疏导学生的心理问题。

与家庭教育融合——家庭生活中的积极因素都可以融入教育教学中，帮助学生树立良好的价值观。

关于"创"字，大家都很熟悉。如果理解成"创新""创意"，对不对呢？对，也不全对。"创"包含多个角度。首先，创造新的教育时空：把作文教学带到公园里去上，把传统文化教育带到博物馆开展，把爱国主义教育与新闻热点融合，把写作课与春游结合，把学科实践大课整合为跨学科创意日……都可以生成生动的教学资源。其次，创意设计教学活动的出发点，不仅是完成教材，而且是为了解决学生的困惑，让学生在解决真实困惑的过程中成长。这既是教育的出发点又是教育的归宿。最后，也是最重要的一点，创新不是仅局限在教师的教育方式、教学技巧上，还体现在"师生共创"过程中。师生针对学生的问题灵活创意学习方式，整合教学时间，拓展教学空间，借助丰富的教学资源，形成师生共学共思、共研共进的生长型教学形式。

这听起来有点繁杂，但我多年探索实践后的感受是：向美而育的"融创教育"可以给师生一起减负，更可以让师生一起体验学习成长的乐趣，因为它更强调真实性、互动性、趣味性。

读此书的也许有很年轻的老师，在此多说两句。"幸福"是所有人的追求，而教师获得职业幸福感的前提是让学生感受到幸福，因此，幸福的教师一定是好学善思的教师，乐于自省的教师，追求自我超越的教师。要成为幸福的教师，在教育之路上切不可按图索骥。

当今社会正处在"百年未有之大变局"中，东西方的文化交流和冲突越来越频繁，世界格局也在变化，教育工作者需要关心世界，关心国家与民族，并将家国情怀融于育人的日常。教育工作者任重道远，教师的心中需有"一片冰心在玉壶"的坚守；教师的身上需有一种"只留清气满乾坤"的骨气；教师的胸中需有一份"待到山花烂漫时，她在丛中笑"的从容。

最喜欢宋朝大文豪苏东坡在被贬谪黄州后的第三年写下的《定风波》："莫听穿林打叶声，何妨吟啸且徐行。竹杖芒鞋轻胜马，谁怕？一蓑烟雨任平生。料峭春风吹酒醒，微冷，山头斜照却相迎。回首向来萧瑟处，归去，也无风雨也无晴。"文字中流淌着的是睿智与从容，以及能够从心所欲、掌控自我的喜悦。

无论世界如何风云变幻，教师都要坚定不移，勤学力行，勇于创新，脚踏实地，为培养有理想、有能力、有担当的时代新人，不断探索自己的教育之路。

我的"融创教育"探索之路

最初,我的探索就像在山间披荆斩棘,开辟了一些小路,偶尔也会获得小惊喜,但总是觉得随意性太强,形不成自己的教学风格。后来,我积极参加市区的教研活动,主动与身边的教师交流,在交流中碰撞。我还积极阅读,主动走出去学习,参加教学研讨活动,听支玉恒、窦桂梅、于永正、薛法根等老师的课。认真研究各科课程标准,在教学中尝试把课程标准与核心素养的要求相联系,作为设计教学活动的主要依据,这是一种自上而下的思考。从以人为本、立德树人的角度出发,把学生的困惑和问题收集整理,主动与教学活动设计相融合,这是一种自下而上的思考。经过一段时间的实践,我惊喜地发现,这种融合两种思考的教学设计思路非常有实效,学生特别喜欢。

例如,学生有心理问题出现,我们就融合语文或者道德与法治课程中相关的内容,打破教学时间的局限来设计活动,及时高效地帮助学生解决问题。学生的学习出现困难,我会结合学校的活动、相关的新闻热点,设计有趣的单元教学活动,激发学生的热情。在这样的探索中,我慢慢形成了自己的教学模式,教材"活"起来了,具有生命力和亲和力了,我也感受到了作为教师游刃有余的自信。2019年,我承担了北京市的相关课题,此时,我感觉到自己已经找到了"向美而育"的那条可行之路。

最近,我将课题研究与实践结合,以探索新时代的家校合作为研究主题,研究跨学科的实践活动大课堂,先后策划了"说话的艺术——怎样说孩子才愿意听""传统文化活动的意义——重阳节登高作文亲子课""如何看待试卷和成绩""为长辈写传记""童心童语画家乡"等一系列家校互动活动,深受家长和学生的欢迎。

2021年,我的培训课程被收入海淀区教师培训资源库。在不断突破困难、积极探索的过程中,向美而育的"融创教育"像是一列奔跑的列车,快乐地在教育的沃野中高速前行,学生的状态明显改变,我也收获了无比美好的人生感受。

幸好我发现了这条向美而育的"融创教育"之路。在接下来的章节中,我将把这一路的风景,跟大家一一分享,让我们一起去发现更多的美好。

第二章 生命之美

在新闻热点当中，有时可以看到学生自杀、自残、报复他人等消息，这些消息提示我们，一定要在日常教育中培养学生热爱大自然、热爱生命的意识和能力。

用心培养学生感受生命之美，才能使学生珍爱生命。向美而育的"融创教育"就要致力于让学生感受到生命——包括植物的生命、动物的生命、人的生命的美好。在灵动的活动体验中，明白生命的意义，培养抗挫折能力，才能避免悲剧的发生。这要求教师要像周国平先生说的那样："我唯愿保持住一份生命的本色，一份能够安静聆听别的生命，也使别的生命愿意安静聆听的纯真，此中的快乐远非浮华功名可比。"

圣洁之爱——化蝶少年节

一天早晨,东东迟到了,进班后还把作业本很响地摔在班长的桌子上。班长问他怎么了,他阴着脸就像没听见似的回到座位上,一副愤怒的样子,满脸叛逆。

又一次,我在楼道拐角处,发现东东把手臂搭在一个女生的肩膀上,他看到我过去马上就拿开了。看到这些情景,我意识到学生的青春期到了,作为教师,不能忽视他们内心的渴望和躁动,更不能对他们的心理需求置若罔闻。

我决定给自己充电,于是借阅了许多书籍,尤其是心理学方面的书籍,读后收获很大。通过学习,我想到了应对的策略。学生们的心灵都是纯洁的,特殊时期所爆发的无穷的能量需要得到释放,同时,他们也是渴望理解与认同的。我与家长们一起商量,开展了"化蝶少年节"的活动,家长全程参与。

我们从性教育开始,开展了"解读圣洁的爱"主题活动。活动的第一项内容是:请学生采访父母谈恋爱时候的故事。活动结束后,学生都能够快乐地说出很多爸爸和妈妈为对方做的令人惊喜的事情。在此过程中,学生明白了爸爸妈妈是在什么样的年龄、什么样的场景下走到一起的,同时也对成年人的恋爱有了真实的了解。

接着，我让学生计算，从小到大，爸爸妈妈带自己玩过多少次，给自己洗过多少次衣服，为自己做过多少次饭，以此让学生感受恋爱和婚姻是需要承担责任的。课上分享时，有一个学生说爸爸在医院照顾完妈妈，回家发现他也发烧了，就连夜带他看病，忙到凌晨，都快饿晕了……学生感受到家长无论有多少困难都会承担责任，感受到父母建立家庭的不容易，感受到父母肩膀上沉重的责任，由此很容易就理解了"爱"不仅意味着两情相悦，还意味着沉甸甸的责任。

青春期学生对生命的诞生很好奇。活动的第二项内容，我请学生们观看关于生命诞生的科普动画片。学生认识到了生命诞生的神奇过程，同时也了解到了性接触会怀孕。周日，我让同学们把枕头系在腰上一整天，体验妈妈怀孕的不容易。

活动的第三项内容，我请学生收集资料，讨论爱的种类。学生交流分享后，总共梳理出了母爱、父爱、朋友间的爱、同事间的爱、对大自然的爱、对陌生人的博爱、情侣之间的恋爱、夫妻之间的情爱等种类，同时，也收集了各种各样爱的故事，对这些种类的爱进行了诠释，最后，再一起归纳这些故事当中爱的共性。丰富的案例让学生看到了爱的不同内涵，最终明白，爱是多种多样的，爱以不求回报、甘愿奉献为出发点，以平等、尊重、理解为原则，以对方的幸福快乐为目的，爱不仅意味着索取，也意味着付出和责任。这纠正了学生心中付出爱总希望得到报答的错误认知。他们认识到，爱是严肃和圣洁的，不容轻易亵渎。

活动的第四项内容，我把《怎样与孩子谈性》这本书介绍给家长一起共读。随后，我们在班会上坦诚交流，大家一起达成共识——青春期孩子关注异性同学是正常的，只要对两性关系有清醒的认识，把握好尺度，明确交往的原则，学生完全可以顺利度过青春期。

活动中，学生写下了这样的话：

• 人来到这个世界太不容易了，生命的诞生太神奇了，我要珍惜生命。

• 我过去觉得生命的到来是很羞耻的事，但是今天懂得了生殖器官承担着的是神圣的使命。父母在创造我们生命的那一刻是圣洁的，夫妻之间的爱不能是随随便便的。

• 以后我不再去看那些不良网站上的低俗视频了，我知道爱的实质应该是奉献，我以后要追求高品位的爱。

• 有一些早恋的人被认为成熟，但我认为这是幼稚。互相乱起哄，把这种圣洁的爱玷污了。我想这不是新潮的表现。

• 父母的爱创造了我们，我们身上的一切都是父母给予的，我们无权把生命抛弃。当生命结束的那一刻，我们便再也看不到这个美好的世界了，所以要珍爱生命，把生命中的每一天过得更精彩。

• 两个人在60亿人群当中走到一起，彼此选择对方，并且宣誓要白头到老，这是一个多么圣洁的过程啊！生命诞生前，精子都要经过一场马拉松比赛，战胜成百上千个竞争对手才能够成功。生命来之不易，我要珍惜我的生命。

这堂特殊的课，让大多数学生理解了异性之间的爱是美好的，是圣洁的，也认识到了在不具备负责任的能力之前进入恋爱是不可取的。但是，这不意味着男生女生就是不可接触的，事实上，青春期的懵懂会让男生女生之间有一种渴望接触又害怕接触的情绪。

接下来，我们进行下一项活动——教学生跳集体舞，让男生和女生坦然地拉手，磊落地跳舞——阳光下是不容易滋生细菌的，公开交流是最好的疏导方法。

当我把这个想法告诉学生的时候，他们非常惊讶，有一丝惊喜、一丝害羞、一丝渴望，继而，兴奋的气氛弥漫了整个教室。我先教会了三对舞伴，再让这三对舞伴示范给全班同学。学生仅用两节课的时间就学会了所有的动作，我们再进行编排。一场集体舞的盛宴，让学生获得了丰富的体验，学生在作文中写道：

• 当初听到林老师让男生女生一起跳集体舞，我的心怦怦直跳，既有些期望，又有些害羞。刚开始练习，我很尴尬，但后来感觉就不一样了，全身心地投入跳舞，我觉得内心很纯洁，这种感受很美好。

• 今天，我随着欢快的乐曲学习集体舞，之前男生女生碰一下就很害羞，现在我们手拉手在一起跳舞，反而没有什么害羞的感觉，那种不好意思的眼神已经变成了很正常的微笑。我觉得很坦荡，一点不龌龊。

为了让男生女生有更多自然交往的机会，我还组织了"野外宿营"活动，大家一起学习野外生存能力，培养团队合作的意识。活动中，同学们先分工，有的带用具，有的设计野营时的菜品，有的负责出节目，有的负责搭帐篷。野营训练中，同学们一起搭帐篷，一起烧烤，一起漂流、踢球，一直玩到深夜还余兴未消，那种欢乐与温馨无法用语言来形容。许多学生说,真希望时间永远停留在这一刻。其中,晓风特别有意思,他以前悄悄告诉我他很崇拜和喜欢女班长,这次活动后,他又悄悄地对我说:"老师,过去我觉得班长的手特别白,跟我同桌的时候,我总想摸一摸,原来这是因为我对她充满了敬佩,可是这次野营让我发现,其实她也有弱点,连打打火机都不会用,篝火还是我帮她点的呢!"我知道班长在晓风的心里已经从"女神"回归为"女同学"了,以后晓风上课应该不会魂不守舍了。

这次活动后,班里的同学们都能够以阳光的心态、开放的胸襟与异性同学相处和交流了,形成了健康的性别观念,自然也就能正确地处理与异性之间的关系了。

呵护听力——耳朵不能承受的"重"

那天是全校学生春游的日子,同学们都快快乐乐地上了大巴车。有同学把耳机往耳朵里一塞,听起了音乐,还不时地摇头晃脑。这时,我开始清点人数,提醒大家系好安全带。我走到明明的身边,明明的耳机里传出清晰的音乐声,于是我提醒他把声音调小一些,明明却觉得声音大才带劲儿,我告诉他音量太大会损伤自己的耳朵,但明明却毫不在意。

世界上几乎五分之一的人听力受损。导致听力受损的原因有很多,对眼下这帮互联网时代的孩子来说,耳机的不当使用恐怕是一个不能忽视的原因。由此,我形成了开设一次主题为"呵护听力——耳朵不能承受的'重'"的科学小讲堂活动的想法。

活动中,我先出示耳部器官的医学解剖图,请同学们观察耳部器官的组成,然后播放一段医生讲述的听力科普视频。

"……常见的噪音标准大家应该了解,70分贝以上会干扰谈话,长期生活在70分贝以上环境中就会损害人类的听力神经。我们平时聊天的时候声音大约是60分贝,电钻一般是60分贝,电话铃声大约是80分贝,吹风机大约是90分贝,听起来就会很刺耳。像救护车的声音、喷气发动机的声音、猎枪的声音,对耳朵就影响更大了,大家要尽量避免……"

学生明白了，听觉是一种需要特殊保护的身体感觉。人需要利用耳朵倾听，听觉能在危急关头给我们警示。例如有一辆车正在靠近，耳朵就会提醒我们注意躲避。所以，每个人都应该细心呵护自己的耳朵。

我们一起学习了一些护理耳朵的方法。第一，要经常检查耳朵以及听力；第二，每天用清水清洗外耳；第三，如果需要时，可以让父母或监护人用几滴医用酒精帮助清理耳道；第四，不要将手指或其他异物塞入耳道，尤其有些同学总是习惯把铅笔插在耳朵上玩，这是非常危险的；第五，听音乐时要把音量调低，在车内或戴耳机时尤其要低分贝。

有学生质疑："怎么知道自己戴耳机时声音大了呢？"我回答："如果你不能够确定，就问问旁边的人，是不是能听到你耳机里发出的声音，如果能听到，那就说明你的音量调得太大了。"

还有学生说："我的爷爷奶奶有些耳背了，他们总是把电视的声音放得很大，我应该怎么办呢？"我回答："为了保护全家人的听力，我想你应该建议爷爷奶奶戴上助听器。"

这次教育活动是从春游时的一个小事件中生发出来的，我认为它切中了学生健康发展中一个很重要的问题。许多老师和家长认为，对学生来说，最重要的是学习成绩，像耳机声音过大这样的小事不足挂齿。但我认为，保护和关爱自己的身体才是教育的第一要务，我们需要在日常教育活动中勤于观察和发现，及时提炼出需要学生加以注意的问题。

智慧沟通——从迷动画到迷数学

"十一"小长假最后一天的晚上,已经21点多了,小琴妈妈火急火燎地给我打电话,说孩子在厕所里待了几个小时了,叫她就是不出来,叫多了她就说:"我不想上学了,你别烦我!再烦我就跳楼!"

我了解了一下,原来,小琴平时数学不好,同学会嘲笑她数学题错得比较多,而且今天她的作业没有写完,于是便崩溃了。考虑到孩子的生命安全,我急忙赶到小琴家里,在厕所外温和地对她说:"我知道你心里一定很委屈,跟我说说好吗?"小琴很惊讶:"您怎么来了?"我说:"我不放心你,我希望你快乐平安。你出来,我俩单独聊聊好吗?"

小琴出来了。原来问题出在亲子沟通上。小琴迷上了小红书中的短视频制作,为此自己下载软件,自学制作小动画片。妈妈每天督促她上课外班,写作业,一看到小琴拿起iPad就生气。母女俩关系越来越僵,小琴索性一整天不理妈妈,躲在厕所里,插上门做动画。

我把小琴拉到父母身边,妈妈焦急地说:"她天天打游戏,iPad不离手,说什么都不听……"我不等她说完,赶紧抬手制止,然后请他们专注地听,不要插话。我微笑地看着小琴,让她说说在厕所做什么。小琴滔滔不绝地讲起来，原来，她在网上发现了短视频教程，发现做动画特别有趣，所以一直在研究动画制作。

小琴的父母眼中闪现出一丝惊喜。惊喜过后，妈妈又担忧地说："光做动画，不写作业也不行。"小琴一听这话，脸上所有的光彩都没了，像朵凋谢的花。

小琴想用动画逃避做数学作业，逃避父母的管教，那么不妨借助她对动画的这份爱去点燃她的自信。于是我提出一个倡议："你能够把动画做得这么好，不能只顾自己快乐呀，能不能带着大家一起学？"小琴说："那怎么可能？只要拿起 iPad，父母就怀疑我玩游戏，他们根本就不让！"我说这事交给我。

第二天的班会上，我先请大家欣赏小琴的动画作品，同学们看到她制作的小人儿居然跑起来，跳起来，能笑能闹，兴趣一下子就上来了，不少人主动要跟她学。我把担忧抛给学生：如果我们选择学习做动画，就要使用 iPad，要是有同学忍不住去玩游戏了，那怎么办？同学们纷纷说保证不玩游戏。

当然，作为一个老班主任，我深知同学们这种即时的保证靠不住，必须有进一步的契约。"保证不能算数，要是你们到时候违反了怎么办？"于是大家纷纷出主意，制定出规则：四个人一个组互相监督，并进行组间评比，保证自己管理好自己，专心学习做动画。我们商定：如果全班表现好，学习积极主动，就可以奖励大家在学科综合实践活动课和班会时学习做动画。

在学习的过程当中，同学们热情很高，主动求教小琴，小琴也爽快地帮助大家。每当有同学学会了一个新的动画技巧，都会高兴地讲给大家听。渐渐地，小琴开朗了，积极了，每天蹦蹦跳跳的。课间，同学们把她当动画小老师，让她评比优秀作品，早自习还在全班分享。小琴感受到了同学的尊重，感受到了生命的乐趣，不再抑郁了。

当然，我还必须解决她的数学学习问题。我跟小琴谈心，她告诉我不喜欢数学，太难了。我鼓励她："全班同学都觉得做动画难，不会做，可是你却能够把全班教会，你怎么可能被一道数学题难住呢？你在班里有那么多好朋友，你们可以做'成长盟友'，相互帮助。咱们班还有几个数学不太好的同学，我们都来做'成长盟友'吧？"小琴欣然接受。

班里开展了"慧眼寻找成长盟友"活动，同学们纷纷根据自己的缺点和同学的优点自愿结对。全班定期开展"盟友打怪升级赛"，那些像怪物一样的难题再也不能阻挡学生的进步了。同学们一起战胜一道道难题，很快就把本册书的数学难点掌握了。甚至有时难题出少了，学生还觉得"打怪"太简单，不过瘾。

有一天，我在楼道里遇见小琴，她一看到我，就非常夸张地扭着身体，兴奋地冲过来拥抱我，大喊道："我数学得分92，最后的难题都做对了！"那惊喜的喊声，那有力的拥抱，那灿烂的笑容，还有儿童独有的天真无邪的笑声，简直让我太开心了。

我逗她："你还跳楼吗？"她笑得摇着我的肩膀撒娇说："别再提这个了！"我平静而坚定地对她说："以后你还会遇到很多困难，记着，所有的困难都能解决，身边的人都可以帮你，要相信自己，相信未来会更好！"她开心地说："记住了！"

学会缓解压力——健康学习法

一个考试前的清晨,我听到学生的对话:

洋洋:东东,我觉得这次单元考试肯定要考砸。

东东:为什么呀?

洋洋:我没有复习完,每次做作业的时候都发现有不会的题。

东东:我也是,一听说要抽测,我就很紧张,一看到卷子就心跳,浑身肌肉都发硬,所以经常审错题,丢字落字,这可怎么办呀?

身为教师,不仅应该教给孩子知识,还应该教给孩子健康学习的方法,及时舒缓学生的心理压力。既然洋洋和东东都感觉到了这么大的焦虑,就开一次小班会吧!

当天的课上,我先不讲评卷子,而是请学生说说自己的心情。有的学生说紧张,有的学生说兴奋,有的学生说很期待。发了卷子之后,我告诉学生,这不是最后的成绩,老师不讲,同伴也不许交流,现在请自己改错,20分钟后交上来给最终的成绩。结果,每个人都能把一半以上的错题改对,成绩提高很多。我顺势请学生分析原因,有学生发现自己考试很紧张,注意力不能集中,甚至头一天会失眠,还有学生说拿到卷子心脏就咚咚地跳,生怕自己做错了。

我告诉学生，这都是人体面对压力的正常反应，然后开始播放科普纪录片。看完，学生一下子就明白了，人类的进化和生存都离不开压力，这种压力可以帮助人类躲避危险。压力可以转化成积极的，也可以转化成消极的。积极压力可以使人们产生健康的压力反应。例如，在遇到挑战时，积极压力能够帮你迅速冷静下来，从而在测验或比赛中发挥潜力，取得好成绩，而消极压力则对人的健康有害。例如，当你慌乱紧张时，胃部可能会产生疼痛感，同时还会减少白血球的数量，降低身体抵抗疾病的能力。

那么我们怎样面对和管理压力呢？我请学习比较优秀和面对考试比较从容的学生分享他们的方法。

• 我去年复习也是有压力，后来和爸爸妈妈一起商量，做了个计划就从容多了。

• 我妈妈教我把压力当作动力。换个角度想，考试是展示自己实力的好机会，心情就会好很多。

• 要学会管理时间，不能随随便便浪费时间，如果碰到了不会的题，不能拖延，要找老师、同学求助，马上解决。

• 最重要的是学会放松，可以找同学谈谈心。

• 要吃有助于增强免疫力的健康食物，还要注意休息和睡眠，不能为了复习而熬夜。

• 累了的时候，我会听音乐放松自己，和我家的小猫玩一会儿……

当学生知道这些好方法之后，我请他们对照分析自己的问题在哪里,然后每天按照下面六项去做,做得好就在后面给自己加分,主动培养掌握科学复习方法的能力。

(1)和父母做好计划(　　)
(2)保持足够睡眠(　　)
(3)锻炼身体(　　)
(4)学会休息,花时间和宠物或朋友玩(　　)
(5)吃健康的食物,增强免疫力(　　)
(6)找可以信任的同学和老师请教(　　)

接下来,我不断地赞美能够科学复习的学生,发现学生的变化特别大。班级中互助的情景多了,大家的情绪好了。学期检测之后,再请学生分析自己进步的原因。学生从不同方面谈到自己的体会:体育锻炼很重要,比如复习累了跑跑步,骑骑自行车,打打球,会让身体得到休息,缓解压力,提高效率……

积极心理学研究发现,当个体在安全、愉悦的情绪中,就会变得更加专注并且开放。他愿意去尝试新的方法,寻找新的解决问题的策略,拥有创造的冲动,就会产生更多新的想法、经验、行动,这是积极情绪的构建功能。学生掌握了调节情绪的方法,就能以更好的精神面貌投入学习中,收获更好的成绩。

我们去爬树——找回生命的野性和勇气

前不久,我们学到一篇文章,讲述的是学生爬树后坐在上面看到了不一样的世界。这篇文章激起学生强烈的好奇心,大家七嘴八舌地问我:"老师,过去的人经常爬树吗?""老师,树很容易爬上去吗?""老师,坐在树上是什么感觉?"听到这些问题,我忽然觉得这是个很好的契机——爬树不仅很新奇,能让孩子们掌握一个技能,还可以锻炼孩子们勇敢、自信的品质。多么好的机会呀!

做班主任这么多年,我深感胆小的孩子越来越多,"勇敢"这种品质正变得越来越稀少。我们班有几个懦弱的男生,一直让我揪心。那次,我在楼道走过,无意中向操场上望了一眼,看到班里的果果被小豪推翻在地,小豪用脚踩在果果的头上,肆无忌惮地大喊大叫。我心想果果一定得急了,非打起来不可,就赶快跑下楼梯,奔向操场。可没想到,展现在我眼前的一幕是:果果追着小豪玩,眼神中甚至满是谄媚!还有一次,飞飞从小毅身边走过,把小毅的作业本碰到了地上,小毅不高兴地回头看了一眼飞飞,飞飞不但没有丝毫歉意,反而露出挑衅的眼神,小毅立即收回了眼神,自己捡起了地上的书。

爬树,正是对学生勇气和野性很好的训练。思考成熟之后,我在班里留了一项作业——"我们去爬树"。在做这项作业前，我请学生先讨论爬树应该注意什么。与我预料的一样，学生一片沸腾，有的兴奋，有的担心，有的好奇。但看得出来，这一提议激发了他们的兴趣。

"爬树掉下来怎么办，会不会不安全？"

"爬不上去，算不完成作业吗？"

"树上很脏，弄脏衣服怎么办？"

"树上有虫子，会不会咬人？"

"万一遇到毒蜘蛛怎么办？"

"我胳膊没劲儿，连单杠都吊不住。"

"父母不同意，怎么办？"

综合学生的这些问题，我请学生思考应该怎样进行这项活动。最后，我们达成了共识，决定分三步走。

第一步，由我在家长会上与家长沟通这个问题，讲清楚班级有些男生身体和内心都缺乏力量，需要锤炼胆量和勇气。我与家长交流后，大家非常赞同，表示支持。

第二步，在爬树前做好充足的准备，比如锻炼手臂的力量，每天在家练习哑铃，直到手臂可以在单杠上吊住身体十分钟才可以去爬树。

第三步，学生查阅资料，了解北京地区的树木上有什么样的昆虫是对人体有害的，然后在班级展示图片，请同学们一起来认识，这样就可以保证安全。

在大家锻炼手臂的过程中，我又抛出了一个有争议的问题："很多公园的树木边都写了禁止攀爬的警示牌，如果我们去爬树，是否说明我们不爱护树木？是否真的对树有伤害？"

学生被我问愣了,他们觉得我提出的问题很难回答。出现这种情况,其实都在我预料之中,因为有矛盾才更能启发学生思考问题。于是,我要求大家回家采访自己的父母和爷爷奶奶,问一问什么样的树可以爬,他们小时候爬树,对树造成了什么伤害。学生采访后,在班里交流,最后大家都明白了:要爬的树不能是小树,最好直径在 20 厘米以上,这样对树就不会有伤害。我补充说:"没有哪棵大树害怕风雨的洗礼,适当的压力会让大树更加健壮挺拔。所以,我们要记住,不可以爬小树,因为小树还不够强壮,我们要爱护它。大家选择大树爬,只要不是经常攀爬、折损,大树是完全可以承受的。"

学生们释然了,更加积极地准备。他们利用健身器材和哑铃,积极锻炼。大概一个月后,许多学生说自己已经可以爬树了,个别学生周末大胆地尝试了爬树,高兴地在朋友圈里秀了自己的爬树照片。

我邀请这些学生在班里介绍了经验。

"爬树时要挑一件旧裤子穿,否则磨破了会很心疼。"

"爬的时候很辛苦,手上的皮肤疼极了,但是爬上去,坐在树枝上看到的景色完全不同,因为可以俯视了。"

"我爬过树之后觉得胆子大多了,周末我还要去爬。"

"我也还想爬,现在上学时,走在路上看到树,心里经常盘算,这棵树怎样爬,抓哪里、蹬哪里,我妈妈笑我得了爬树病了。"

我请学生周末再爬树时,静静地坐在树上欣赏一下四周的风景,感受一下世界的不同。如果愿意,可以把这些感受写下来。

以下是学生写的爬树感受:

从树顶向下望去，小区、附近的街道……一览无余。一阵微风吹来，将写作业的疲惫都一扫而空。树叶在风中快乐地抖动，好像在为我祝贺。

——曹令闻

爬上树我才知道"站得高，看得远"这句话的含义。回想学习爬树的艰苦过程，我觉得值了！高处的风景果真有不一样的美。还感受到大树和我无比亲近。

——谢镒冰

我最初看到高高的大树，觉得根本就爬不上去，心中充满恐惧。但是当我经过锻炼，每次能爬高一点后，心里就自信了一些。最后我真的坐到了高高的树枝上，真有"一览众山小"的豪迈！就像《岳阳楼记》中"登斯楼也，则有心旷神怡，宠辱皆忘，把酒临风，其喜洋洋者矣"。

——邢阳

今天的教育提倡关注生活世界，用生活体验中引导学生的认知，这是很有必要的。教育的苍白，很大一部分原因在于学校和家长的过度保护，让学生失去了冒险的机会、体验的乐趣，尤其是许多男孩子，从小懦弱、依赖，面对这种情况，我们应该有所作为，以丰富的智慧引导他们变得强大、勇敢起来。像爬树这种上一辈人童年经常玩的游戏，完全应该让孩子去体验，孩子与大树有了亲密接触，也会对大自然、对生命有更多的感悟。

民胞物与——教会学生善待他人

淘淘在竞选"三好生"中落选了,他觉得自己的学习好、体育好,帮助班里获得了不少奖项,同学们却不认可他,很不服气,也很失落,每天都垂着脑袋,闷闷不乐。

其实,我深知淘淘个人能力很强,他的落选很大一部分原因是平时对同学们不够友善和关心。刚好,我们全班共读了《红楼梦》,大家分享了《红楼梦》里自己喜欢的人物,当时很多人喜欢贾宝玉。我决定把解决淘淘的心理问题与这次阅读联系起来,让同学们一起分析为什么都喜欢贾宝玉,引导淘淘发现自身的问题。

同学们在讨论的过程当中,有的谈到贾宝玉对人很善良,比如对蒋玉菡——那个年代谁都瞧不起的戏子,宝玉却真诚地欣赏他,尊重他。有的谈到他对身边地位低下的丫头都很照顾,尤其是对跳井死的金钏,内心惭愧,伤心无比,说明他从不觉得这些人的生命卑贱。还有人谈到他很心疼佣人,他回屋完全可以让佣人给倒水,可是他却自己倒水喝。他还会想到袭人爱吃的东西,主动留给袭人。

随着学生的发言,我在黑板上写下:关心他人、真诚友善、平等尊重、不自觉清高。

此时,一个学生从善恶两方面的对比来证明贾宝玉的善良:

一天，贾环在王夫人的屋子里写字，贾宝玉来了，大家都喜欢贾宝玉，引起贾环的嫉恨，于是他就假装无意地把热灯油泼到了贾宝玉的脸上。宝玉当时烫得非常厉害，却担心贾环受罚，叮嘱大家对外说是他自己烫伤的。

我请淘淘评价。他说："贾环阴险地去伤害他人，平时又小家子气，所以不受大家喜欢，而宝玉对所有的人都友善，因此所有人都喜欢他。"

下课后，我私下里和淘淘谈心，问他今天最大的收获是什么。他说从小说中看到善与恶的对比，感受到宝玉的真诚、善良。我说如果你是《红楼梦》里的人物，你觉得会受到大家的喜爱吗？淘淘眨眨眼，不太明白，我引导他回忆和同学相处的几件小事，他马上领悟到，自己平时对大家不够关心，不够尊重，喜欢指使别人。他说："真诚，是这节课落在我心里最深刻的词。我过去比赛时为班级争名次，细想起来不是为了全班荣誉，打篮球的时候也不愿给别人机会，总是抢着自己投篮，觉得自己技术好，想出风头。"

真是一个聪慧的孩子！看他认识到了自己的问题，我对他说："美好的心灵应该是与人为善，体贴他人，老师也是这么认为的。"淘淘认识到自己的缺点，不再委屈了。我给他留了个作业：在《红楼梦》中再找几个像贾宝玉一样心地善良、一心为别人着想的角色。第二天，淘淘告诉我，他找到的是袭人——袭人知道贾宝玉留给自己的乳酪被李嬷嬷喝了，为了息事宁人，马上说自己喝牛奶会闹肚子，为了转移宝玉的注意力，请宝玉剥栗子吃，宝玉一听，顺其自然地就消了气。他很感动，袭人吃亏了，却一心希望大家能够和谐……

接着，我给淘淘看了一条新闻：几个日本青年向流浪的老婆婆扔燃烧瓶，在警察询问时还说这些老年人就是垃圾，应该清理。淘淘惊讶极了。我对他说："从自以为是开始，从对人冷漠开始，慢慢就会变得这样冷酷自私，如果这样的人多了，社会多可怕！"他明白自己的问题的严重性了，也找到了自己不被大家喜欢的原因。

我在纸上给他写了四个字——"民胞物与"，告诉他这是中国文化非常崇尚的价值观，解释之后，他心悦诚服地笑了，决心要改变，真诚地去关心身边所有的人。

檀传宝老师在谈到德育的立美机制时说道，美的德育其实就是"合规律性与合目的性的统一"。我在引导淘淘时，融入名著，融入新闻，让学生自己感悟，这比直接告诉他与人为善的道理更加有效，同时，也更容易让孩子接受，完全不会引起孩子的反感。

保护动物——大象旅游的是与非

2020年3月，16只亚洲象离开了西双版纳自然保护区，一路向北，沿途受到了周密的保护。这则新闻不仅牵动了中国人的心，也引来了世界人民的网上围观。我们经常说要保护野生动物，这正是一次对学生进行生命教育的好机会，于是，我组织学生开展了"大象旅游的是与非"午间漫谈活动，大家结合新闻分享自己的看法。

17个月里，象群翻山越岭，跨过河流溪谷，闯入村庄，漫步街道，最终回归家园。途中，大象旅行团迎接了新生命，也告别过同伴，镜头下的它们顽皮可爱、不惧艰险、舐犊情深。学生感受到人们保护野生动物的意识越来越强，也加深了对亚洲象这一珍稀物种的认识。

学生观看《"象"往云南》纪录片后，展开了讨论：

"我每天回家第一件事就是查看大象旅游的新闻。"

"看到小象宝宝睡在妈妈们的中间，真是太有趣了！"

"大象妈妈会打开水龙头喝水，真没想到它们如此有灵性。"

"大象妈妈竟然会帮助小象过水沟，真是充满母爱啊！"

……

了解到30年来中国的野生亚洲象数量增加了一倍，如今有

300多头，学生赞叹国家的野生动物保护成果显著。了解到野象敏感、攻击性强，云南省迅速成立了由林草、应急、森林消防、公安等部门组成的省级指挥部。在指挥部带领下，形成了国家指导、省级统筹、属地负责的安全防范和应急处置体系，调动大量人力物力，24小时跟踪象群，及时疏散居民，确保人象平安。学生直观地感受到了保护动物的不容易。

矛盾和冲突是培养学生价值观的好时机。大象进入人类的地盘，有时会像个礼貌的客人，用长鼻子敲敲村民家的铁门，无人应答后静静离去。可看到庄稼，它们可就顾不上什么礼仪，冲进去大快朵颐，糟蹋了很多庄稼地。这时我请同学们思考：大象对庄稼造成严重的毁坏，是否应该制止？应该怎么对待大象？学生们激烈地讨论起来，有的觉得应该引导它们尽量少进庄稼地；有的说应该喂足它们食物；有的觉得依着大象的心意走，可能会造成损失，但是也会给科学家提供研究动物迁徙的机会；还有的认为经济损失可以补偿，但是如果伤害大象，会让世界人民觉得中国不尊重生命，不保护动物，损害国家形象……在不断深入的交流讨论中，学生感受到生态的重要，人也好，动物也好，植物也好，所有的生命，都共同生活在一个有机体之中，覆巢之下，安有完卵？不保护生态，哪有动物、植物和一切生命，哪有人？看到一位村民在纪录片中说："庄稼吃坏了明年还可以种，大象出事了就没有了。"学生对他很尊敬，于是我请他们思考这位村民说出此话的底气是哪里来的。学生最终明白，这是因为物质丰富、国家富强。

学生在视频中看到，接下来的日子里象群悠闲从容，每日下午下山觅食，上午睡觉。大象酣睡之时，指挥部的工作仍在继续，工作人员需要预测大象第二天的走向并部署方案，还不忘互相提醒，别惊扰大象的美梦。所有这些镜头都深深地印在学生的心中，学生跟着象群一起完成了一次旅行，真正理解了保护动物的意义，认识到生命的珍贵。

此次教育活动融入新闻报道，也融入了国外的媒体的一些评论，很好地激发了学生的兴趣，他们不仅学习了保护大象的知识，也学会了如何发言、如何讨论，更学会了珍视大自然里的生命。

让实验走进班级——认识饮料的危害

夏天到了,酷暑难耐,有几个孩子总是一大早就从校外带来冰镇饮料,每天拿饮料当水喝。我担心他们的健康,建议他们不要喝太多,可是提醒之后,他们还是我行我素。

与家长沟通,他们也不支持孩子常喝饮料,但是孩子总是偷着去买,背着父母喝,最后父母迫不得已,掐断孩子零花钱。这样饮料是不喝了,亲子关系也降到了冰点,孩子还经常和父母吵架。

其实,过量喝饮料的问题现在在小学很普遍,许多孩子知道常喝饮料对健康不利,但却控制不住自己,由此带来不少危害。对小学生讲道理很难有效果,于是我设计了"让实验走进班级——解开饮料的秘密"的活动,用最直观的方式让学生看懂饮料,自然也就对饮料有了正确的认识。

我请来专业的教育机构老师,给学生们讲解饮料的制作。她先在桌上摆上几十种装满化学制剂的小瓶子,然后讲述每一种化学制剂的名称、作用、危害,询问学生喜欢什么口味的饮料,再根据口味,从小瓶子里取出粉末调配。矿泉水中不断被加入各种化学粉末,学生们都全神贯注地观察。最终,他们亲眼看到老师勾兑出了从颜色到气味都符合他们需要的饮料时,全都惊呆了。

通过最直观的实验展示，学生知道了市场上的大多数风味饮料就是用这些粉末勾兑出来的。老师再次展示真正的鲜榨饮料的制作过程：用水果压完汁儿，放在常温下，仅仅几个小时后就变质了。学生很快领会到，能在超市里放上一个月两个月甚至一年都不变质的那些饮料，里面一定有很多添加剂。

为了进一步让学生了解长期摄入各种添加剂的危害，老师又展示了科学数据，进一步说明哪些物质会造成心血管病，哪些物质会危害肝肾等。同学们看到大量清晰的病例图片和直观的病例数字，都沉默了。

我拿起桌上那瓶"精心"兑出的饮料，询问有谁想来尝一尝，孩子们纷纷冲我摇手，直说"我们不喝了，我们再也不喝了！"

眼见为实，一节课下来，孩子们对饮料有了正确的认识，了解了勾兑饮料的危害，也认识到了冰镇饮料对脾胃有很大的伤害。

不能喝饮料，那怎么解暑呢？中国传统文化中早有答案。我给学生讲述了古人解暑的方法，当天留了作业，请学生回家查阅古人夏天都喝哪些饮品。

第二周，我在班里特意边讲解边制作了"山楂乌梅茶"和"冰糖雪梨汤"，学生家长也把在家熬的"大暑养生粥"带给大家分享。大家一边品尝，一边快乐地交流养生粥中各种对人身体有利的元素。有的同学还细心地记下了各种粥的配方，说要回家去试一试。于是我们生成了一项广受欢迎的实践作业——根据自己的体质特点和喜好，回家设计"酷夏解暑饮"，带回班里互相品尝。

"解暑饮品DIY品尝会"上，同学们上台纷纷讲解自己的创意饮品，个个都像知识渊博的小中医。

许多教师常常扮演警察的角色，他们常用的"武器"就是批评。其实，当学生犯错时，教师可以扮演旅途中的"旅伴"，和学生一起看"云卷云舒"，一起经历"风雨雷电"，效果会更好。这次实验课后，学生们真的认识到了不健康饮料的危害，就自觉不喝了。

爱上健身——告别小胖肚

为了提高学生的身体素质,教育部的最新政策把小学四年级和六年级的体育成绩汇入中考体育成绩中,以这样的措施倒逼学生从小注意身体健康,积极参加锻炼。这一规定公布后,西西的妈妈很着急。西西身体比较胖,体育成绩很差,跑步、跳绳、仰卧起坐都不合格,这可怎么办?我了解了一下西西的饮食起居和锻炼情况,知道西西平日里比较懒惰,不爱运动。

现如今,学校里像西西这样的小胖墩儿可真不少。肥胖影响中考成绩是一方面,最大的坏处是影响身体健康,这不是小事。我决定从改变思想认识入手,让这部分孩子主动锻炼起来。

班里的家长有医生,我把医生家长请来,专门为学生做了一次主题为"肥胖症对青少年的危害"的讲座。这场讲座图文并茂,呈现了大量真实病例。学生在听讲座的过程中,认识了肥胖对心血管等各方面的危害。下课后,我借机鼓励全班同学一起积极锻炼。

西西跟我商量好,每天晚上互相交换锻炼的视频。我每天晚上散步、跑步,西西每天晚上跳绳、做仰卧起坐、打球。这样持续了半个多月,西西开始时态度积极、热情高涨,后来就渐渐懒散下去了,总是找借口不锻炼。眼见他刚小一点的小肚子又慢慢隆起，我想，外部的干预总是有限的，还要结合孩子的兴趣点刺激一下，否则就很难长期坚持。

我跟西西妈妈交流新方案。妈妈透露了一个信息：西西一直想当主持人。我眼前一亮，这倒是个好机会。于是我找西西谈话，告诉他打算在元旦的时候开一次联欢会，想请他来做主持人，因为他的嗓音很洪亮。他一听，高兴极了，眼睛亮亮的。接着，我表现出发愁的样子，对他说："你的音色很美，完全能达到主持人的水平，但是你的体型实在不像主持人，这可怎么办？"他立刻说："我可以锻炼减肥的，我上次锻炼半个月就减了8斤。"我说："可是你现在又胖起来了。"他说："我再努力，老师你放心，我一定能减下去。"

西西急不可耐地向我承诺，跟以前完全不一样。我说："那好，我观察你一周。如果你信守诺言，能够坚持锻炼，就把这个任务交给你，如果你坚持不下来，那可不行。"谈到体育课达标，我们约定目标是两项优一项良，达到这个要求，主持人就是他的了。西西兴高采烈地回去了。

果然，在后面的两个多月中，每天晚上，西西都急不可耐地写完作业，拉着爸爸去打球、游泳。爸爸没时间，就请妈妈陪他在楼下跳绳，睡觉前还要做仰卧起坐。妈妈高兴极了，在饮食上也积极为孩子调整。一个月下来，西西隆起的小肚子很快就瘦了下去，身上的肌肉也越来越多。看着他的进步，我真是高兴。

元旦，西西穿着白色的衬衫和黑背带裤，小胸脯挺得高高的，自信地主持完了全部节目。全班同学都对他刮目相看，大加赞赏。他在掌声中树起了自信，还激励另外几个小胖子一起锻炼减肥。

下课后，我逗他说："主持完了，你是不是又要吃回去呀？"

他坚定地说:"才不呢,我现在已经喜欢运动了,我要和小胖肚永别。"

教育是点燃灵魂的火焰,让每一位学生都能找到方向。小学生的肥胖问题不可忽视,教师要关注孩子的身体情况,及时干预,帮助学生加强锻炼。

不再自残——快乐的蚕宝宝养育师

韩予是个内向安静的孩子，很少大声说话，有几个要好的同学，在其他方面也不错，作业按时交，字迹工整。有一天，全班同学都去上体育课了，我无意中从教室的后门向班里扫了一眼，发现她一个人在班里坐着。我以为她生病了，走进去问她怎么了，她抹了一把眼泪就跑出去了。我觉得她有些奇怪，此后几天就格外留心她。有一次，我看到她用铅笔扎自己的手心。自残——这个词跳入我的脑海，这让我十分震惊！

我的脑海中飘过许多因自残造成的悲剧，于是，我一刻也不敢耽误，立即请来她的爸爸妈妈。爸爸妈妈告诉我，去年生了个小弟弟，发现韩予开始有些不一样，但是他们一直以为是因为家里多了一个小弟弟，韩予有些不适应，本想过一些时间就会好。加上妈妈生了小弟弟以后体弱多病，所以一直没有太关注韩予。我大致明白了，过去家长把所有的爱都给了韩予，现在有了小弟弟，再加上妈妈身体不好，孩子可能感到自己被冷落了。妈妈听我这样一点拨，忽然想起有几个晚上韩予想和妈妈一起睡觉，妈妈怕影响她第二天上课，就拒绝了。

我提议妈妈每周邀请韩予同睡一次，看看有没有改变，妈妈同意了。过了几天，我发现韩予有了些变化。我跟她聊起她的小弟弟，她并不想多说，看样子还是有心结，内心不接纳新来的弟弟，也不太理解妈妈的辛苦。怎样才能让她转变呢？

偶然一天下班回家，在楼下看到几个孩子在喂蚕，看到他们专注的眼神、欣喜的样子，我忽然有了思路——也许这些小蚕宝宝可以引起韩予的变化。

我在班里宣布要养蚕，然后请韩予和雯雯来做养育师。同学们都非常激动，下课后围过来看，我教韩予认识桑叶，拜托她照顾好蚕宝宝。韩予同意后，我给韩予妈妈打电话，请她陪孩子找一找桑叶，她非常支持。韩予和雯雯一起承担起了这份责任，两个人每天叽叽喳喳地围着蚕宝宝，有的同学想用手去摸，都被韩予制止了。

蚕宝宝稚嫩可爱，我请韩予给大家讲保护、照顾蚕宝宝的公约。韩予讲了很多，她请同学们千万不要捏蚕宝宝，还提醒不要让采来的桑叶碰到家里的化学物品等，大家都很赞同。韩予向大家承诺，一定会用心看护好蚕宝宝。课间，她总去查看蚕宝宝的情况。小蚕宝宝一天一天地长大，同学们都开心极了，韩予的眼睛里也开始流露出慈爱和温柔。

我启发韩予，蚕宝宝一天比一天大，你们可以介绍一下蚕宝宝的价值，让大家获得更多的知识。韩予特别高兴，特意去查阅资料，给同学们讲了蚕宝宝的一生。

终于有一天，蚕宝宝们结茧了。我给同学们讲了蚕丝变成丝绸的过程，讲了中国古代丝绸的华丽高贵，然后请同学们写下自己的感想。韩予写的感想最感人，不仅写了如何照顾蚕宝宝，还写了蚕宝宝吐丝和丝绸制作的过程。

课后，我和韩予沟通："在你们家里，谁更像蚕一样无私奉献呢？"韩予说是妈妈。我说，对呀，妈妈为了照顾你们两个孩子付出很多，现在身体多病，她还心心念念地想给你创造一个独立的房间，怕弟弟的哭声影响你上课。妈妈把最好的房间让给你，你应该多体谅妈妈。"接着我给韩予听了一段事先准备好的爸爸的录音。爸爸关爱的话语打动了韩予，她的心结终于打开了。

  经过几个月的观察，韩予再也没有自残的情况了。我告诉韩予的妈妈，孩子现在已经完全恢复了阳光的笑容，跟同学们都能快乐相处。她非常欣慰。

  每一个学生都有不一样的困惑，这些困惑有可能在孩子心里结成死结，最终造成伤害。教师要善于观察学生，及时发现他们内心的纠结，并找到打开他们心结的方法，防患于未然。

敬畏生命——用种植活动启发孩子

放学时,宁宁的奶奶跟我说,宁宁和院里的几个孩子现在特别喜欢用石子追打流浪猫,她批评了几次,宁宁都不听。

我隐去姓名,把这件事情在班会上陈述了一遍,请同学们说说自己的感想。同学们纷纷指出这种行为是不对的,是没有爱心的表现。宁宁低着头,一言不发,看来知道自己打流浪猫错了。但是我从他的眼神中分明看到,他并没有深刻认识到流浪猫也是生命,也应该得到呵护。

直觉告诉我,如果不能从小培养对生命的敬畏,可能会产生很严重的后果。联想到新闻中曾经报道过的虐待儿童、虐待动物的案例,我想,残忍的习性绝非一天形成,作为老师,对于学生童年时表现出的恶的苗头必须及时制止。

在和宁宁爸爸妈妈的交流中,我知道宁宁的姥爷在郊区有一片小园子,每次宁宁去,都跟姥爷一起种地,特别开心。我想,也许可以借助种植活动打动孩子。

为此,我特意做了一个长槽型的玻璃种植器,长1米,宽20厘米,高35厘米,像一个长长的鱼缸。我请同学们自己在网上购买喜欢的植物种子,然后种在里面,放在班里的窗台上。同学们很期待种子发芽,每天围在窗台边观察。

我故意在这些土壤中埋入很多鹅卵石，把种子压在石子下面。当第一颗种子发芽之后，同学们透过玻璃看到小嫩芽，传出阵阵惊喜声。有的种子发芽后很快长高，有的种子被石头压着，需要一点一点绕过石头，向上生长。我和宁宁一起观看那颗压在石头下面的种子。我问他这颗种子能不能成活，宁宁说够呛，因为大石头压着它。我说那我们一起为小嫩芽加油。

每天，我都找机会和同学们一起为小嫩芽鼓劲，还经常拉着宁宁到窗台看它们。那尖尖的柔软的小芽一点一点地探索着石头边上的缝隙。我拉着宁宁的手一起鼓励小嫩芽："小嫩芽加油，虽然你的生命很稚嫩，但你是一条鲜活的生命，要相信自己，加油，我们一起为你祝福，你一定可以长大！"

这小嫩芽特别争气，它扭曲着身子，向左试试，向右探探，不断地绕过鹅卵石，努力地探寻着道路。宁宁被它的坚韧不拔吸引住了，在日记中写道："我真怕小嫩芽有一天放弃了，在石头下面枯萎了。希望它能穿过那些石头，长成最强壮的小苗。"

终于有一天，小嫩芽冲破了所有的鹅卵石，钻出来了，我们特意为它开了庆祝会。那一刻，我和全班同学为小嫩芽欢呼，大家夸它厉害。虽然比其他早钻出来的小苗矮了很多，但是同学们都能感受到这个生命是宝贵的。

那天课间，我把宁宁拉到身边，对他说："小苗的成长让我们看到每一个生命的存活都是极不容易的，每一个生命对它自己来说也都极其珍贵，因为来到这世界上都是唯一的一次。每一个生命都应该获得更美好的生活，对吗？"宁宁赞同，于是我跟他谈起了他们追打流浪猫的事情，宁宁立刻低下了头。我说，你现在能认识到自己的错误行为，这是真正的成长，比考试得一百分都重要，因为你真的懂得了生命的含义。宁宁心悦诚服地点点头，说："我再也不打流浪猫了。我知道每一个生命对他自己来说都是唯一的，都是珍贵的，都应该得到呵护。"

我告诉他这是一种善良，更是做人应该有的素养。不管是植物的生命，还是动物的生命，更别说人的生命，我们都应该尊重。每一个生命都应该得到绽放，都是与众不同的。如果再看到流浪猫，请他认真观察它们形态的优美，一定会有新的发现。

在我的倡导下，全班同学都去观察各种小动物，他们在日记中写出了每一种动物的美：有的动物是憨态可掬的美，有的动物是幼稚呆萌的美，有的动物是甜美乖巧的美。宁宁是这样写的："猫像猎豹一样敏捷地窜上树，快得像一道闪电，我很钦佩和羡慕它的敏捷。"

面对棘手的教育问题，教师可以运用"移情"策略，通过一些小活动，让学生自己感悟问题在哪里。这种"类比"的方法有时候比直接教育效果好，并且，这种教育是潜移默化的，不容易招致学生的反感。

教育没有固定的格式，没有固定的流程，每一个孩子在不同阶段都有不同的问题，我们要对症下药，像及时雨一样，把问题消灭在萌芽阶段。

阳光周末——家校共育亲子圈

"双减"之后,学生在双休日和节假日有了更多自由支配的时间。如何使这些宝贵的时间得到充分利用呢?我们的做法是鼓励和引导各个家庭根据孩子特点开展"阳光周末——家校共育亲子圈"的活动,发动家长一起开发教育资源,帮助学生建立健康生活理念,学会处理心理问题,养成阳光心态。

这个活动得到了家长们的积极响应。有医生家长为学生们讲述"青春期的那些事儿",引导孩子们以正确的态度看待青春期;有家长帮助邀请心理专家开展心理课堂,围绕"没有人是一座孤岛""让父母更懂我"等主题与学生们进行交流;有记者家长为学生们开展讲座"理想与国家""人际交往的智慧";有大学教授为学生们分享"如何高效利用时间""从学渣到学霸""未来的初中生活"。

针对学生不愿意和家长交流的问题,我们利用班会开展了"我们愿意听"的亲子互动班会,围绕亲子之间的具体问题开展丰富多样的体验活动。有"一线快递孩子成长"的智慧问答;有"让生命更有温度"的角色扮演;有"观点对对碰"的亲子阅读;有充满欢乐和温馨的"亲子厨艺秀"等。

把有同类问题的家庭组织在一起,有针对性地设计活动,增进亲子之间的了解，帮助彼此走进对方的内心世界，有助于形成相互包容的宽松氛围。家庭氛围好了，学生的身心愉悦了，自然能更好地投入学习之中。

我们还利用假日，分组开展"亲子研学圈"活动，在家长与学校之间、家长与家长之间、学生与学生之间组成生命成长共同体。活动以学生需求为主导，提供个性化教育和资源，丰富学生的生命体验。比如，体型肥胖的学生组成了"减肥挑战营"，假日里一起运动，在班级圈中展示；喜欢考古的学生组成"文物赏析社"，由家长带领到各个博物馆参观，定期在班级开办展览；喜欢打篮球的学生假日定期训练，增强体质；喜欢手工的学生组建了"甜甜手工社"，学习制作新的工艺品，在劳动课上当小老师，教大家制作。所有这些活动都鼓励父母积极参与陪伴，提供支持。这种按照具体需求分小组活动的形式针对性强，很受学生欢迎。

对于参与度高、贡献突出的家长，我们会颁发"智慧家长"证书，邀请他们进行经验分享，进一步加强家校之间的黏性。

阳光周末活动受到了学校和家长的一致好评。这项活动成功的关键是全面了解和分析学生的需求，结合家长的特长，实现家校的双向匹配。要做到这一点，教师就要充分关注学生，通过个别咨询、多方会谈、追踪访谈、家长沙龙等方式了解家长和学生的困惑与真实存在的问题，并运用教育智慧设计有趣、有用的教育活动。在这个过程中，教师、家长、学生建立了"合伙人"和"同盟军"的关系，携手助力每一个孩子的生命成长。

第二章 学习之美

提到学习，有人可能会想到无聊的课堂、严厉的老师、紧张的考试，哪里有"美"？不是有句名言"学海无涯苦作舟"吗？其实，世上万事万物都是对立统一的，苦中一定有乐，乐中一定有苦。向美而育的"融创教育"，旨在帮助学生获得学习的美好感受，引导学生把学习当成另一种"玩"。首先，学习可以是一个探险游戏。教师要与学生一起去制造工具，以"丛林探险"的方式学习；其次，学习也可以是一种创意游戏。教师引领学生破译"密钥"，利用"密钥"创建"新的世界"。学习固然需要付出勇气与毅力，但是只要学生体验到了能力的提升、思维的进步，就会发自内心地爱上它。

诗韵精神——梅花的香与气

梅花在中国人的语境中是有特殊寓意的，它象征着高洁与风骨。

学习卢钺的《雪梅》时，有学生谈到喜欢"梅须逊雪三分白，雪却输梅一段香"这句诗，她从"香"字感受到高尚的品格，联系到陆游写的"无意苦争春，一任群芳妒。零落成泥碾作尘，只有香如故"，便认为"香"字抓住了事物的特点。我忍不住夸赞这个学习方法，鼓励更多的学生尝试联系相关诗歌来赏析。学生的思路慢慢打开了。

后来，有学生开始从写作手法和用词巧妙上去品评，我对此予以肯定，但希望学生能够把所有相关的学习经验连接起来，去感受语言的魅力，提高欣赏能力。想到学生已经积累了几百首古诗，我启发学生尝试联系课外的诗对比欣赏。

果真，不同的声音出现了。小宇说不太喜欢用"香"这个字来形容梅花，更喜欢"气"这个字。他举了《墨梅》中的"不要人夸颜色好，只留清气满乾坤"一句作为例子，说更愿意把梅花看作一种气节的象征。小宇的发言一下把大家的思路带到新的思考中，鑫鑫也同意这种看法。他联系到自己最喜欢的篮球运动，说男孩打篮球最有雄风，有锐气，有骨气，并批评了社会上一些歪风邪气。这发言实在让我震惊,没想到孩子小小的脑袋中居然有如此见解!把古人对梅花精神的赞美融入学生的个人生活来进行阐释,同时把课堂所学与社会所闻结合起来,这样的思维很有深度。

我希望更多的学生能够像他这样,于是夸赞鑫鑫:

"你的发言让人振奋,我似乎看到了你小小身躯中涌动的男子汉的骨气。"

果然,具体的鼓励激起了学生对于梅花精神的深入思考。小浩说他最喜欢毛泽东的《卜算子·咏梅》:"风雨送春归,飞雪迎春到。已是悬崖百丈冰,犹有花枝俏。俏也不争春,只把春来报。待到山花烂漫时,她在丛中笑。"小浩大声地说,这诗里的梅是"微笑"的,那是谦逊的笑,大气的笑。梅花能做到坚贞不屈,还能谦虚低调,实在难得。小浩还联系自己的缺点思考梅花的品格,他说自己不如梅花,有点进步就想得到大家的赞美。我和同学们听到小浩的发言都笑了,我夸他敢于剖析自己,很了不起:"李世民说,夫以铜为镜,可以正衣冠;以史为镜,可以知兴替;以人为镜,可以明得失。小浩居然可以做到以诗为镜,很了不起!学习的目的就是为了让自己变得更好。"我建议大家以后要学习小浩,能把课堂所学联系自己,不断反思,不断进步。

最后,我仿卢钺的诗赠他一句"浩须逊梅三分香,却不输梅一分勇"。同学们都被逗笑了,纷纷学着仿写各种诗句。后来,学生们一致认为,《红楼梦》的作者曹雪芹仿得最好:"偷来梨蕊三分白,借得梅花一缕魂。""我觉得《红楼梦》中的诗句中,'偷来''借得'的说法新巧,表现出了林黛玉的文采。""原来诗就是这样一代一代发扬光大的!""其实两者都在赞颂人品的高洁、坚贞。"……

　　这次学习交流中最出彩之处是把品诗意、学写法与个人的成长自然融合,让学生在互动中形成了正确的价值观。文学真正的价值不在于技巧,而是文学精神。这恰恰是向美而育的精髓。实现的途径就是:教师鼓励学生把新知与旧知相联系,抓住课堂生成的教学资源,引领学生跳出课文,展开想象,自由表达自己的思想,促进崇高精神的内化,做到"解学习之枷锁,还思维以自由"。学生在自由的思维碰撞中呈现"柳暗花明",收获"豁然开朗"的学习乐趣。这种自发的、师生共同创意的过程,让学生感受到了学习的愉悦、成长的快乐。

　　课堂瞬息万变,学生的思维无比活跃,只要教师释放空间,睿智捕捉,无穷的变量就会点燃学生的思维,生成最美的课堂。

　　需要注意的是,被讨论的某个主题总是包含多方面的信息,这些信息与学生的已有经验往往是有关联的,每个学生站在不同的角度观察,都会有不同的发现。如果讨论只聚集于一个点,只满足于标准答案,那么获得的信息就会有失偏颇,束缚学生的思维。

　　从自由发散到聚焦观点,训练学生的思维,连接学生的学习经验,这样灵动、富有生机的课堂,学生怎么会不喜欢呢!

困惑化为资源——我和妈妈"走月亮"

"老师,《走月亮》这篇课文读起来给人很美好的感觉,可是我总觉得题目怪怪的。"

确实,我们平时不说"走"月亮。我问学生怎么理解这个题目。有人说可以有两种理解:在月光下走,给人的感觉是非常清幽的,会让人遇到很多夜晚美好的事物,比如萤火虫;还可以理解成月亮在行走,那就会是另外一种感觉,月亮很神秘,穿行在云朵中。

班里的学生并不了解走月亮这个习俗,难免误解。我决定融入多种因素,设计一次活动,开启一次体验文学之美的旅程。

课堂上,我把这个词的出处《浮生六记》给学生看。沈复在《浮生六记》中早有提及:"中秋日……吴俗,妇女是晚不拘大家小户,皆出,结队而游,名曰'走月亮'。"再布置语文作业——每个小组把自己预习课文之后的几个疑问写在黑板上,选择一个有月亮的晚上和妈妈一起体验"走月亮",再针对同学提出的问题在课上谈出自己的看法。这项作业让学生觉得很有意思,他们的眼睛都亮了。

和妈妈"走月亮"后,学生纷纷发言。

第一个同学回应了"'是啊,我和妈妈走月亮'这句话为什么重复了那么多次?"这个问题。她发现这些重复的句子出现在走月亮的不同的地点,由溪水边到村道边,再到石拱桥边,强调跟着妈妈走月亮的骄傲感、幸福感,这样的重复让读者的想象得以扩展,从而感受到童年的"我"一直在妈妈的呵护下甜蜜地成长,"反复"让这种幸福感跃然纸上。

这时,我让学生欣赏苍山洱海的美景,还配上葫芦丝的音乐。我分享了自己的心得:"童年的记忆撕扯不去,我们每一个人的内心角落都会储藏这样一段独有的记忆。"

另一位同学选中的问题是"'细细的溪水,流着山草和野花的香味,流着月光'这句话很难理解,为什么溪水里会流着香味和月光?"她发现自己昨天和妈妈走月亮时,远远地先闻到花香,后看清花朵,有种很新奇的感觉。另外,晚上听觉也非常灵敏,自然就会听到溪水叮咚,引着她望向溪水,看到溪水中银亮亮的月光,所以文章的描写顺序很符合在夜晚观察事物的方式和顺序,因此并没有什么不妥,反而创设出一种跳跃感,让人感受到夜晚的神秘、静谧之美。

另一位同学说,她在阅读中感受到了小女孩那一串串甜甜的声音,比如"哦,阿妈,白天你在溪里洗衣裳,而我,用树叶做小船,运载许多新鲜的花瓣……哦,阿妈,我们到溪边去吧,我们去看看小水塘,看看水塘里的月亮,看看我采过鲜花的地方"。她从这些句子中想象到小女孩跟妈妈相依相爱的画面,认为这种儿童化的语言给人亲切感,读者好像就站在小姑娘和阿妈的身边,悄悄地听她们谈话,她也想对文中的母女说:"我也跟你们去小溪边看看吧!"

听完这个发言,同学们都笑了。我问这个学生:"你昨天没有和妈妈走月亮吗，为什么还想和这母女俩去苍山洱海走月亮？"学生说："昨晚，我和妈妈下楼，看到的是穿行车辆的灯光，铺面的广告灯箱，好容易走到小公园里，到处都是路灯和地灯，根本没有《走月亮》课文中的宁静。"我问："那和妈妈牵手散步有甜蜜感受吗？"学生说："妈妈那天本来有很多报表要做，可还是陪我出来走月亮，还给我讲了很多小时候怕黑的故事，很开心。"我说："我已经感受到你和妈妈走月亮的温馨了。"

美是需要感知的，在进行教学设计的时候，可以根据学生的疑惑，巧妙地组织一些情境化比较强的活动，使学生可以"身临其境"。置身其中，他们自然就会有具体的感知，在课堂上自然就会有话说，课堂学习的风景自然就会生动起来，美起来。

从发言看，学生能抓住一些句子和碎片的词语，完全了解"走月亮"这个习俗以及它所体现出的童年之美，但是仅止步于这个层面仍然是单薄的，缺乏全局视野。于是，我提醒同学关注一个问题：为什么第四单元的选文全都是描写秋天的呢？——《观潮》描写钱塘江大潮，是农历八月，在秋天。《走月亮》也是秋天，《现代诗2首》第一首《秋晚的江上》也是秋天，《繁星》也是秋天。

于是，有同学谈到，"秋"在中国的古诗中，通常代表衰败、孤寂、愁苦、思乡的情绪。而本单元几篇描写秋的文章，似乎没有破败与孤独之感，反而充满美好与幸福。有同学联想到刘禹锡也是这样反其道而行之——"自古逢秋悲寂寥，我言秋日胜春朝"，打破了人们在意识当中对秋的传统认知。最后，大家认为编者设计这个单元是想让我们认识到每一个季节都有其美好的一面，都是值得欣赏的。

这些讨论之后,小枫有了精彩的发言——他从这篇文章当中感受到了小女孩对家乡的怀念。按道理来说,乡间的很多景物都司空见惯,而在作者的心里,"走月亮"不仅是一种风俗,不仅代表着童年,还代表着乡愁。简直太棒了!

小学生在课堂学习中不求甚解,或者为发言而发言,都是很普遍的现象。教师应该努力改变这种情况,主动设计能勾起学生思考的活动,主动抛出能激发学生思考的问题,引导学生的思维走向深入。这节课上,学生亲自体验了"走月亮",不仅解答了对"走月亮"这个奇怪词汇的困惑,获得了趣味性和体验性,还通过你来我往的课堂讨论,学会了如何分析一篇课文、一个单元,一步步进入课文的深处、文学的深处。整节课上,大家情绪高涨,发言踊跃,没有一个学生走神、游离,他们纷纷说这节课真是"太美了"!——其实,各学科教学中都不缺少美,而是缺少教师与美的自发牵手。

开心的作文课——与小雨的心灵对话

四年级的学生开始接触作文,但写出的文章总是语句生涩,很难写得细腻生动,更谈不上表达独特的内心体验。某天,我在读一本心理学书籍时突然受到启发,明白了问题出在哪里——三四年级的学生,对于刚刚发生的事情的细节记得清楚,但对已发生一段时间的事情,尤其是细节就很难回忆起来,更不用说那些内心稍纵即逝的感受。这与他们的年龄特点有关。于是,我决定找机会和学生一起体验,帮学生抓住最新鲜的感受,引导他们学会写作。

一天,下雨了,开始很大,慢慢地变成了毛毛细雨,操场上到处都是水亮亮的。学校为了安全,取消了课间操。望着窗外柔柔的、绵绵的春雨,想起多少文人墨客曾经被多情的雨滴激发出灵感,我果断地把作文课移到操场上,引领学生在毛毛细雨里走进自己的心灵。

第一环节:拥抱小雨。我在黑板上用充满童趣的艺术字写下"林老师今天要给大家介绍个新朋友,猜猜它是谁?"还把"谁"字中的两个点,换成两只充满好奇的大眼睛,静等学生回班。学生们上完科学课,三三两两地回来了,一进班就看到了我写在黑板上的可爱的艺术字,兴致勃勃地猜起来。上课了,我故作神秘地说:"老师给你们介绍个新朋友,好不好?今天我们要与它进行心灵对话。"学生莫名其妙,左看看右看看,大胆的博宇还跑出门外张望,一脸疑惑地问:"没有人啊?"同学们都被逗笑了。"今天的新朋友就是毛毛雨。我们一会儿去操场,伸开手臂,仰起脸,谁也不许说话,用心灵与毛毛雨交朋友,看看你会感受到什么……"学生顿时兴奋起来。随后,我和学生们来到操场,一起伸开手臂,仰起脸,静静地站在雨中。学生们新奇过后,都陶醉在雨中,有的慢慢地在雨中走,有的静静地观察雨线,有些顽皮的学生则忍不住在雨中奔跑……

第二环节:感悟写作。回到班里,我用手势请学生先不要说话,故意让他们把翻滚涌动的感受憋在心里,并要求他们马上把自己的感受写在纸上。班里迅速响起了刷刷的写字声。

- 小雨温柔地抚摸我,像天使翅膀的羽毛在轻柔地扇动,让我不想动,只想那样静静地站着。
- 我对落在手心中的小雨点说:"你是从云上来的吗?"小雨滴告诉我她带来了云的祝福。
- 晶莹的小雨滴在彤彤的卷发上,调皮地荡秋千,让我回忆起自己荡秋千时的喜悦。
- 小雨点落在我的手臂上,落在我的脸颊上,也落到我的心里,让我的心里痒痒的。
- 我在雨中奔跑,没有狼狈,只有畅快!真想和小雨点一起飞回到天上去。

我一边读,一边为这次的教学创意感到满意。我发现其中最

"奇怪"的是冬冬写下的句子:"我听到毛毛雨奏着交响乐,我和着咚咚的鼓点,在和毛毛雨跳舞。"毛毛雨原本是无声或很小声的,不可能像交响乐呀,这其中一定有缘由。我追问:"毛毛雨的声音,别人都听不到,你怎么能感受到那么激烈的节奏?"冬冬得意洋洋地说:"过去,妈妈一下雨就让躲我回家,怕我感冒,可是我真的喜欢在雨中跑,今天一听说您带我们去淋雨,我就激动得心咚咚跳,所以听到的全是鼓点的声音。以后妈妈再不让我淋雨,我就说林老师都让……"我看着他得意的样子,点着他的小鼻尖说:"今天回去不许着凉感冒啊!要给我争气,不能让你妈妈来找我兴师问罪!"全班学生哈哈大笑。

借着学生的兴奋劲儿,我让他们归纳:大家是通过什么方法把小雨写得如此生动的?这样做的目的,是把学生热热闹闹的外部体验,转向冷静的总结归纳,掌握写作要领。学生积极发言,有的说要结合生活经验,有的说要根据毛毛雨的特点进行合理想象,有的说要结合学生本人的性格特征……

我接着又问:"你们的笔下诞生了如此多的生动句子,还有一个原因就是我不许你们说话。你们再回忆一下,有没有新的发现?"学生静静地回忆,发现不说话就可以全神贯注地体会,平静下来倾听内心的声音。还有,闭上眼睛,皮肤的触觉就格外敏感,似乎每一个细小的雨滴都能感受到。学生已经领悟到写好心理活动的关键,不需要我再赘言了。

这节语文课上得生动有趣,下课铃响了,大家还在兴致盎然地交流。我当天留了作业,请学生收集古诗文中各种描写雨的诗句以及名家描写雨天的经典句子,在对比品读中感受各种描写的妙处。第二天的品读课中,有的学生把春雨和秋雨作了对比,感受不同季节的雨，抒发出不同情感，感悟不同情绪的诗意；有的学生把农村老家的春雨和城市的春雨作了对比，发现环境不同，雨给人带来的感受也不同；有的学生把欣喜的人眼中的春雨与愁苦的人眼中的春雨作了对比，领悟到借景抒情这种写作手法的含蓄之美……

这次写作训练中，我没有讲述写作技巧，而是直接把大自然作为课堂，让小雨来与学生进行心灵对话。学习环境的转换激发了学生的兴趣，增加了学生的体验，丰富了学生的内心感受。学生不仅对雨、对诗有了更深刻的理解，也掌握了作文的要领。

千万不要用成年人的眼光，框住学生的思维。学生的心灵深处蕴含着无穷的力量，成人需要做的是找到合适的契机去激发这些能量。如果当时我发现冬冬写"毛毛雨在奏交响乐"，仅根据自己的固有认知就轻率地否定他，而没有耐心了解他的感受，就会大大损伤其写作热情。这次作文课让学生体验感性与理性的融合，每个学生都有话可说，抒发了独特的感悟。这样开心的作文课，学生怎会不乐在其中呢？

先玩雪，再描写——景色描写不再难

学生的景物描写与文章中心思想常常是两张皮，用词都是千篇一律的"阳光明媚""万紫千红""晴空万里"等。为了让学生的景物描写能有进步，我费尽心思收集资料，精心备了一次作文课。

不料，刚上几分钟，天空就下雪了，我正讲得投入，孩子们却兴奋起来，人坐在教室，心早飞向了外面的雪世界。我见学生心不在焉，想到自己头天晚上辛苦备课，越讲越气，终于忍不住批评起学生。下课铃响了，我气呼呼地回到办公室。看着窗外纷纷扬扬的大雪，我的心情渐渐平静下来。想到愤怒是魔鬼这句话，忽然觉得自己有些过分，学生毕竟年龄小，大人司空见惯的雪，对于小孩来说应该是魅力无穷的。同时，我意识到，既然要学习景物描写，眼下的大雪不正是学生感兴趣的景物吗？这是天赐良机呀！

想通了，我决定改变上课方式，第二节课干脆带孩子出去亲近一下"雪孩子"。学生们完全没有料到我如此"大方"，喜出望外。我们跑出教室，打雪仗，堆雪人，欢声笑语，追跑嬉闹，开心的笑容挂在了每一个人脸上。

玩累了，我带他们回班，拍拍身上的雪，我问孩子们："看着大雪，你们觉得自己是一种什么心情？"学生纷纷回答"兴奋""快乐""太爽了"！"今天的语文作业是——"还没等我说完，就有聪明的学生泄气地说："一定是写作文！"我笑了笑说："答错了，扣十分！"他们立即精神起来，气氛也变得轻松了，我说："作业是从过去读过的所有书中，找出你喜欢的描写雪的句子。想一想这些景色描写在故事中有什么作用。"

第二天，学生找到了许多描写雪的句子。我让他们一一读给大家听，分小组对比分析：每一种描写好在哪里，对于全文有什么帮助。

学生的发言精彩纷呈：过年时回东北老家，看到齐腰深的大雪，感受到家乡的寒冷，但与家人短暂相处，又感受到寒冷的天气中人情的温暖；雪狼冒着漫天的风雪，在冬天雪地里捕食，是为了养育幼崽，这飘扬的雪花衬托出了母爱的伟大……

学生很快理解了景色描写不仅仅是景色描写，它的目的是表达心情，对文章有重要的意义。随意堆砌几句景色描写是没有价值的，好的作文一定要使景色描写服务于文章的主旨。

在这样的启发后，再用景色描写表达昨天玩雪时"兴奋""快乐"的情感，学生很快就掌握了方法。

在以后的作文中，学生的景色描写都有了方向，有了特点，进步显著。

珍视学生的质疑,呈现最美的课堂风景

学习《鸟的天堂》这篇课文时,一个学生的发言让课堂顿时改变了方向——在读到大榕树中鸟的各种姿态的时候,这个学生站起来说,他的表姐是南方人,他们学的是《灰椋鸟》,他觉得跟这篇文章是相似的,都在写鸟,但是《鸟的天堂》没有徐秀娟的《灰椋鸟》写得好。

他居然说巴金的文章不够好!我意识到这是很好的提升阅读能力的时机,"不愤不启,不悱不发",现在不就是"愤"和"悱"的时候吗?

《灰椋鸟》是苏教版语文的内容,我把这篇课文从网上搜出来,放到大屏幕上,让大家分成两派进行辩论。

大家畅所欲言。有的学生在对比中发现两群鸟都很热闹,都是从少到多。《鸟的天堂》是这样写的:"我们把手一拍,便看见一只大鸟飞了起来,接着又看见第二只,第三只。我们继续拍掌,树上就变得热闹了,到处都是鸟声,到处都是鸟影。"《灰椋鸟》则这样写:"一开始还是一小群一小群地飞过来,盘旋着,陆续投入刺槐林。没有几分钟,'大部队'便排空而至,老远就听到它们的叫声。"二者在写法上是一样的,没有什么高下。

有的学生认为《灰椋鸟》写得好:"'看,这几只刚刚落在枝头上,那几只又马上扑棱棱地飞起。它们的羽毛全变成金红色的了,多么像穿上盛装的少女在翩翩起舞哇!树林内外,百鸟争鸣,呼朋引伴,叽叽啾啾,似飞瀑落入深涧,如惊涛拍打岸滩,整个刺槐林和竹林成了一个天然的俱乐部。'这个部分有拟人、有比喻,尤其'俱乐部'这个词太有画面感了。"

有的学生很赞同:"'这上万只灰椋鸟是在举行盛大的联欢会,还是在庆祝自己的节日?要不怎么会这样热闹?我被这喧闹而又热烈的场面感染了,竟情不自禁地欢呼起来。'我也经常有这样的漫无边际的想象,很有共鸣。《鸟的天堂》中,语句不生动,只有'大的,小的,花的,黑的,有的站在树枝上叫,有的飞起来,有的在扑翅膀'。我觉得巴金的文章的确不如徐秀娟的文章。"

学生的关注点都在对鸟的描写上,我提示学生关注一下课文中的其他内容,目的是启发学生从不同角度欣赏文章。

这时,学生发现巴金描写大榕树的文字特别好——文中"榕树正在茂盛的时期,好像把它的全部生命力展示给我们看。那么多的绿叶,一簇堆在另一簇上面,不留一点儿缝隙。那翠绿的颜色,明亮地照耀着我们的眼睛,似乎每一片绿叶上都有一个新的生命在颤动"。这与徐秀娟文中的"整个刺槐林和竹林"这样的描写区别很大。

我顺势请学生思考:为什么两位作者对树的描写有如此大的不同?

终于有学生关注到题目。巴金要写的是"鸟的天堂",更强调大榕树这个"天堂"。而徐秀娟更关注的是鸟,所以文章名为"灰椋鸟"。《鸟的天堂》中对大榕树描写得很精彩,笔墨很多,是为了扣题,而描写鸟时主要突出鸟的数量多,种类多,很快乐,这都是为了说明树是鸟的"天堂"。

肯定学生的新发现后,我请他们再读一读两篇文章的结尾,好好思考两位作者写这两篇文章的目的。

有学生谈到《灰椋鸟》的结尾:"'在回来的路上,我想:鸟是人类的朋友,树林是鸟的乐园。没有林场工人的辛勤劳动,没有这几年大规模的植树造林,我到哪儿去观赏这鸟儿归林的壮观场面呢?'这段话明显表达了对林业工人的赞美和感谢。因为作者酷爱鸟,所以对于照顾森林的林业工人也非常敬佩,非常感谢。"

一位学生站起来:"我不觉得巴金的文章不好了。《鸟的天堂》通过描绘清澈的河流、充满生机的大榕树、活泼可爱的众鸟,构成了一幅清美的风景画,展示了奇特动人的南国风光,我想巴金先生要传达的是对大自然生命力的热爱和赞美。"

的确,《鸟的天堂》的开头,作者故意不写与鸟有关的东西,而是写湖水、大榕树,浓墨重彩地描绘树的奇特,从淡淡的铺染到层层深入,令我们进入和谐的大自然中。结尾部分,"那'鸟的天堂'的确是鸟的天堂啊!"一句反而比徐秀娟文章结尾的直白更加值得回味。

辩论有了结果。这场始于质疑的思维之旅如此精彩,学生们意犹未尽。于是,我把课堂引向对人与自然的关系的思考,问学生巴金这位著名的大作家为什么会被一棵树吸引,学生很快便领悟到了。

特级教师孙双金曾经把好课堂的标准归纳为16个字——书声琅琅,议论纷纷,高潮迭起,写写练练。但是过了几年,孙双金又改进了他的好课观,一堂好课的标准变为"小脸通红,小眼发光,小手直举,小嘴常开"。

这节课从一个学生的发言"巴金的文章不够好"展开,像一枚石子激起了思维的涟漪,老师带领学生像福尔摩斯探案一样,在交流中层层推进,从局部到整体,从课内到课外,从谋篇立意到遣词造句,多层次的融合让语文课堂更加灵动,学生的思维更加自由,交流更加充满激情,同时也引导学生感受到了大自然之美,学生们无不沉浸其中,完美地完成了学习任务。

唤醒感动——真情在细节中流淌

六年级的作文题目是《一件令我感动的事》。作文收来一看，比想象中要差，生捏硬造的现象比较严重，谈到最令自己感动的事就是上周数学得了100分或者去年轮滑比赛得了冠军等。我知道，那不叫感动，叫高兴。学生抱怨，努力想了一个晚上，才写完这篇作文，还有学生皱着眉头诉苦，自己除了学习就是在家，要不就是在上课外班，每天都差不多，哪有什么感动？

问题的症结找到了，学生的心中没有感动，没有值得感动的事，哪能写出感动的文章？

看来，需要引导学生发现生活中值得感动的事情。在物质生活富足的今天，学生反而失去了感动的能力，对一切熟视无睹，心理麻木，这不仅事关作文，更事关情感教育。思来想去，我认为首要的任务是"唤醒"，而非"说教"；不应强加干预，而应"以退为进"，引导学生在平平常常的生活中、平平常常的事情中找到感动。

为了唤醒学生，我讲了一件真事：

昨天发生了一件事，老师很难忘，想跟你们分享。昨天下完雨，我儿子很兴奋，因为他最喜欢穿小雨鞋去趟水，还喜欢骑自行车冲过小水洼，所以一直吵着要下楼玩，我同意了。他骑着自行车在小区的彩色路面上飞速前进，车轮溅起水花，他开心不已。突然，他停下来，把自行车放在一边，蹲在路的一侧仔细地看着什么。我过去一看，发现这里积了一片桌面大的小水洼，里面有几条小蚯蚓，有的蚯蚓被车轮碾断了身子，在那里痛苦地挣扎。儿子看看我，然后就用小手捏起了蚯蚓，飞快地跑到旁边的花丛里，把蚯蚓放进去，然后跑回来，再捏一条跑过去。正在他忙得不亦乐乎的时候，远处开来了一辆车，平时我儿子看到车会赶快躲到路边，这一次，他小小的身躯没有动，而是挡在水洼前，亮亮的眼睛盯着开车的司机，还伸出小小的手臂，似乎在告诉司机，这个地方不能走。司机慢慢地绕过了他，也绕过了那个小水洼。车走远了，我问他为什么不靠边，他说汽车会压死蚯蚓的，他要保护他们，说着，他两手分别捡起蚯蚓继续往花丛里运，直到把小蚯蚓都运到了花丛里，才心满意足地笑了。他蹦蹦跳跳地说："我救了它们，妈妈，我救了它们！我把它们送回家啦！"

我问同学们，听后有没有什么感觉。

学生1：我觉得挺感动的。他年龄很小，却能关注到小蚯蚓的生命。

学生2：您说到小手捏起小蚯蚓时，我的心底涌起一种感动。

学生3：我听到他看见车来了没有动，想象他用小小的身躯保护蚯蚓的画面，心里很感动。

我赶紧顺势引导："看来，令人感动的人，不一定非常伟大，令人感动的事，也不一定惊天动地，你们说呢？"

学生1：过去我以为，感动是因为别人给予自己很大的帮助。现在我不这么认为了。

学生2：感动不一定要催人泪下，也可能是微不足道的瞬间。

学生3：我要好好回忆一下，自己的生活中应该有这样心里一动的时候。

接下来，师生一起静静地回忆感动时刻。

学生1：一次钢琴考级，正好赶上期中考试，因为玩的时间少了，我就发脾气，妈妈帮我计划时间，我却觉得妈妈太烦了，连晚饭都没吃，就回屋睡觉了。夜里我饿了，起来一开门，看见桌上放着妈妈做的包子，用玻璃盖扣着，旁边写了一张字条：如果凉了，就用微波炉热一下。现在回想起来，那时候我很感动。

学生2：有一次下雨，我坐公共汽车回家，背着书包，拿着饭盒，拎着滴水的伞，很狼狈，身旁一位奶奶，热心地拿出一个塑料袋帮我套上雨伞，还让我坐她的座位，因为她要下车了，我当时很感动。

学生3：暑假的一个傍晚，我和爸爸妈妈去爬山，费尽力气爬到山顶，气喘吁吁地眺望北京城的夜景，突然发现栏杆扶手上有一只小小的蜗牛，似乎在静静地欣赏美丽的夜景，顿时心里咯噔一下，小蜗牛居然也站到了高高的山顶，爬到了高高的围栏上，它和大山相比太小了，但它并不在乎这些，就在那静静地伸出一对小小的触角，默默地享受夜景。

同学们的发言令我感到惊喜，这些选材比上一次的作文进步很大。生活中处处都有令人感动的事，最重要的是唤醒我们的心灵。一旦心灵的闸门打开，找到了真实的感动，写作文自然不在话下了。

当前的作文教学有个误区，总是强调效率，重结论、轻过程，重教写作方法，轻视体验唤醒，从而使得写作文成为学生头疼的事情。其实，只要我们用智慧点拨，激发学生的情感体验，学生自然会有表达的欲望，轻松克服作文难题。

趣学古诗——把诗人当同学

学习古诗时,我们讲到了韩愈。有同学说"韩愈提携了孟郊",我便顺口问了一句:"那你们猜猜,他俩谁大呢?"学生都说韩愈大,因为是韩愈提携孟郊的。还有学生猜想,他俩是师生……我告诉学生,孟郊比韩愈大17岁,他们很惊讶。再问到李白和杜甫时,更多的学生认为杜甫比李白大。有学生接着问:"老师,能不能有什么办法一下子就记住他俩谁大谁小?"

回想自己初学古诗的历程,这的确是个问题。于是,我决定让学生以此为题,自己探索有趣的学习方法。

用什么方法记住诗人生活的年代还不会太累呢?他们真的被难住了,都觉得诗人太多了。我建议大家去向父母和善于学习的哥哥姐姐讨教,也可以上网查一查——这样做的目的,是培养学生沟通交流的能力。

一番争论后,学生提出了初步方案:每个学生讲述一位自己喜欢的诗人,40个学生就可以讲40位诗人。

我提醒学生,记住一个人需要走近他们,了解他们的追求和生活,这样才不容易忘,我们要设计一种方法,让这些诗人每天出现在我们的生活里。学生立即想到,可以把诗人的介绍贴在墙上,每天早自习讲一讲。大家认为这个想法很好。

具体怎么设计呢？学生很快拿出了设计方案：腾出班里的一面墙做壁报，用一条长长的坐标线作为年代轴，把唐朝分成若干小段，一厘米代表一年，线段大概四米长，代表了整个唐朝的存在时间。然后，每个学生负责介绍一位自己喜欢的诗人，介绍完，就在壁报年代轴的相应位置贴上这位诗人的头像、简介、代表作、趣事、诗坛贡献或对此诗人的评价。学生戏称："这些诗人走进我们的课堂，每天陪着我们，现在是我们的同学了。"

这面墙在班里"开放"一个学期后，我们又开展了一次竞赛活动，以同学讲述过的内容为题目，考查谁了解的诗人最多，评出最佳者。这个方案得到学生的一致赞成。比赛中，他们自己设计、发现、总结、撰稿、演讲，认真倾听交流，那长长的唐朝诗人壁报就成了学生讨论的平台，他们自然而然地记住了诗人的年龄大小和相关知识。

相关的学习还在不断延伸。有的学生对李白的身世感兴趣，把前后几位同学讲的李白联系起来，多次查阅资料，整理成李白的淡彩绘本；有的学生把几个诗人的诗风进行对比、分类、总结，开启午间漫谈活动"唐诗小论坛"。虽然他们的一些表现不乏幼稚，但是人人踊跃，积极探索，成功地把背诵诗人相关知识的痛苦转化成了快乐的合作学习。

"融创教育"强调学生的主体性，就像苏霍姆林斯基在《帕夫雷什中学》中说的："有经验的低年级教师，总是力求使儿童从他入学的最初阶段起就成为知识掌握过程的积极参与者，力求使世界的揭示过程给孩子们带来深切的、无与伦比的快乐、兴奋……"

教师要善于引导学生，在开放的学习情境中快乐思考，不断探究，主动表达，活化各种经验，以促成能力、思维和素养的形成。本次活动使得枯燥的学习变得具体化、生动化、生活化、情趣化，调动了学生多方面的体验，成功地拉近了学生与古代诗人的距离，学生在开心愉悦的氛围中顺利完成了相关知识的学习。

表达之妙——探寻诗歌中的数字之美

众所周知,"审美鉴赏与创造"是语文学科的核心素养,而审美素养的核心是审美能力。在审美能力中,感知力则是最为基础的审美能力之一。审美感知力可以依托多学科来培养,美术、音乐、语文、体育、数学无不可以培养审美感知力。然而,现实中的学生审美感知力发展并不乐观。在语文教学中,我们通常聚焦于基础知识、文字理解、阅读理解,而很少给学生解读美、想象美、谈论美的空间。为此,在日常备课中,我经常把培养审美感知力作为重要维度。

例如,学习宋代邵康节的《一去二三里》时,因为诗歌浅显易懂,学生基本不存在理解的障碍,我便决定把重点放在审美力的提升上。我选择的切入点是"数字"。

课上,我让学生说说通读全诗之后的感受,学生说觉得山村的景色很美——村庄美,亭子美,花很多。

我追问这首诗与其他诗对比有什么不同,学生很快就发现,这首诗最大的特点是使用的数字多。我继续追问:"这么多数字是想传达什么信息给我们呢?"

学生从"烟村四五家""亭台六七座"两句感受到亭台比人家多,猜想这里的人们喜欢欣赏风景,所以在外面建造了许多亭台。

此时，有学生提出："一去二三里"这句话没有什么意思，太平淡。

我启发学生："'去'字如果改成'走'或'跑'行不行？"学生马上去查字典，明白了"走"在古文中是跑的意思。跑，是急匆匆的，与这首诗的风格不统一，这首诗很悠闲，只有用"去"字才有漫步游览的感觉。

我又请学生想象作者去干什么，学生众说纷纭。我请学生反复读整首诗，感受诗的最后一句所表达的意韵。学生在讨论中逐渐清楚，诗人就是信马由缰地探寻美。

这时，我让学生思考二三里的路程是多远。学生的实际经验帮助他们认识到，二三里与学校到家里的距离差不多，这是散步最舒适的距离，更加证明了诗人可能是在悠闲地散步。此时，我请学生联系作者的生平思考："烟村四五家""亭台六七座"这样的数字安排体现了作者怎样的思想？

学生说，作者也许希望亭台、花朵多一些，因为作者更喜欢自由，喜欢在大自然里漫步，在他看来，无论亭台还是花朵，都是生活中很重要的部分。

这个回答真是太棒了。只有热爱美和生活的人，才会看到亭台和花朵，才会把它们写进诗歌，才会对它们的数量有所察觉。学生们都是聪慧的，教师稍加点拨，他们便迅速领悟到了。

为了让学生也学习感知身边的美，我在课后带领学生到校园里去寻找美，我们走过操场的凉亭，还有学生科学课常常光顾的种植园，在一路探寻中，学生激动地谈论着自己的发现，在诗的启发下，对往日觉得平平常常的校园景物有了深入的感悟。

"原来学校如此优美！"

"我刚才发现学校的亭子柱上有小蜗牛,长得很壮。"
我们还仿写了诗歌:

廊里两三步,美图四五张,操场六七处,八九十枝花。
一转二三楼,感动四五次,校园六七亭,八九十种爱。
……

教学在欢乐的气氛中完成,学生感悟到了诗人的爱美之心,也感悟到了数字在这首诗歌中的作用,更学会了在平凡的身边事物中看到美,挖掘美。

要唤醒学生的"审美意识",自己就要有审美意识,在备课时,教师要将审美能力的培养作为重要维度,以学科内容为依托,带领学生走进美的世界。这样,课堂学习便美起来了,文本活起来了,学生的思维也活起来了,审美素养就会自然而然地形成了。有了这种灵动的融合,即使最简单的诗歌,也能将美带到学生的心灵深处。

创意灯笼——学科融合的魅力

学校每年都要开展"创意灯笼"大赛，今年，大赛又添了一个新奖项——"吉尼斯校长奖"，这是整个大赛的最高奖项，要求自然也最高：创意独特、全班参与、环保节能、集体智慧。同学们听到广播后都非常兴奋，希望争取得到这个大奖。

看到学生的热情高涨，我想到这是一个学科融合实践的好机会——这是学校层面的大活动，制作灯笼可以很好地融合语文、美术，也非常适合锻炼学生的组织能力、动手能力和创新能力。

我请学生从学过的古诗《晓出净慈寺送林子方》和《采莲曲》中提取灵感，确定灯笼的基本元素。很快，学生决定以荷花和小船为主题设计灯笼。接下来，全班同学开始讨论起如何制作灯笼来。

这时候，学生的兴奋劲儿有点过去了，毕竟，要制作一个完美的灯笼，挑战还是不小的。他们有的担心自己的动手能力不行，抱怨父母从来没让自己动手制作过什么；有的出主意说可以找科学老师借一些铁丝；有的开始拿出纸来试着画荷花图案；有的说自己会用剪刀裁剪；有的说自己会网上购物……大家七嘴八舌，教室里一时热闹非凡。

讨论差不多了，我建议大家商量一下分工和进度。学生很快就决定，用两个周末，全班同学轮流到教室里加班加点，还决定请来家长做"外援"——爸爸可以教他们制作龙骨，妈妈可以教他们绣荷花，有的还搬来了爷爷奶奶。我也全程陪伴，在这个过程中，我也学习到了不少知识，感受到了"学而时习之，不亦说乎"。

两周的忙碌后，学生们终于完成了这个作品：一个名叫"荷萍船"的灯笼，寓意是"和平"。最终，"荷萍船"成功获得了吉尼斯校长奖。

在领奖台上，学生介绍："荷萍船"的灵感来自语文课文中关于荷花的古诗，船上的九朵莲花，代表着中国人最喜欢的数字"九"，意思是长长久久。"荷萍船"上的莲蓬也有很好的寓意，因为莲子在中国传统文化中象征着"连生贵子，多子多福"。制作灯笼的时候，全班每个人都有自己的分工，一组负责搭船的龙骨，二组负责做船身，三组负责安装串灯，四组负责制作荷花，五组负责制作荷叶和莲蓬，六组负责最后的整体安装和调试。在这个过程当中，我们用到了美术课和手工课学到的技法，还有科学课上学到的力学和电学知识，计算用料时，复习了数学课上的长度、面积等相关知识，大家一起交流、沟通、合作，班里的同学更加团结友爱了。

众所周知，人是不可以割裂的，人的能力也是综合的，打破学科界限，以项目式学习的方式融合多学科知识是"融创教育"的重要途径。这次活动就是学科融合的一次经典实践，同时，因为过程中的美好体验，班里的同学关系也更加融洽了，"荷萍船"成了全班同学的小学记忆，学生上中学后，还经常谈起这次活动，他们都说，从那以后，他们就再也不害怕合作学习中的挑战和困难了。

馆校结合——创意"大美课堂"

北京教育学院吕鹏教授研究的课题是"新时代学校美育协同育人创新实践研究",受其启发,我将培养学生口语表达能力的教学活动与美术相结合,借助博物馆构建"大美课堂",很好地拓展了学生的学习空间,激发了学生的兴趣。

要培养学生的口语表达能力,就需要一个学生感兴趣的主题。借助博物馆丰厚的资源,我设计了"青铜器文化探究课程——青铜器小主播"活动。为了完成这个活动,学生不仅要提前去博物馆了解青铜器展品的历史和文物保护相关知识,还要承担讲解员的工作,在班级圈里参加"青铜器小主播活动"。下面是小主播们的讲解片段:

学生1:我了解到国家博物馆的藏品有数百万件,每一件都很精美,我拼命走一天,只看了百余件,太震惊了!

学生2:我给大家介绍的两件文物——鹳鱼石斧图彩绘陶缸和陶鹰鼎都属于新石器时期仰韶文化。你知道我为什么这么青睐仰韶文化吗?因为我的老家就在河南省三门峡市,我能不夸夸仰韶文化吗?鹳鱼石斧图彩绘陶缸是中国第一号禁止出境的文物,1978年在河南省今汝州市阎村出土,高47厘米,上面画有鹳鸟叼鱼及石斧。石器时代的图画本来就极其罕见，而这幅图是中国现存最大的史前图画，价值当然是不可估量。

学生3：我来介绍虢季子白盘，它是清道光年间在陕西宝鸡出土的周宣王时期的文物。盘为水器，此盘为先秦最大的铜盘，堪称西周青铜器的魁首。最牛的是盘内底部铸有铭文8行111字，通篇用韵，四字一句为主，句式工整，记述了虢季子白率军在洛水北面与严狁作战，大胜后，周宣王将此盘赐给他的过程。所以，这个青铜器有很高的史料价值。这个盘在太平天国战争时期被刘铭传发现，当时被用作马槽，后来刘家后人将其藏入土中，直到解放后捐献给国家。这件盘子不仅纹饰精美，还承载着精彩的故事，实在有趣。

学生4：后母戊鼎，也称司母戊鼎。它的身上也有故事。大鼎于1939年3月在安阳出土，险些被切割卖走。村民将其埋在土里，熬过了八年抗战。战后，大鼎被运到南京，由于太重，没被运到台湾。1959年被转交国博。这可是中国现存最大的商代青铜礼器。铸造实在精美绝伦！

学生5：利簋，西周文物。簋为盛放黍稻之用，是重要礼器，天子可以用八簋。这个"簋"字很难认，我妈妈说她过去经常去北京的簋街吃饭，当时许多人都不认识这个字。这引起我对地名的兴趣，于是查阅了很多资料，今天给大家介绍几个非常有难度的地名，我们一起长长知识。第一个是北京市门头沟区斋堂镇的"爨（cuàn）底下村"，它依山而建，依势而就，高低错落，整个村庄呈扇形展于两侧。大家看村里有弓形墙围绕，三条通道贯穿上下，具有防洪、防匪之功能，这些古民居建筑是宝贵的历史文物，对研究中国的民居建筑史具有重要的意义。第二个是安徽亳州市利辛县的一个镇,阚（kàn）疃（tuǎn）。据说,三国时期,兵荒马乱,阚泽收留了很多孤儿,让他们在村庄里开垦田地,自给自足。为了纪念阚泽的善行,后人便将村庄命名为"阚疃","疃",就是村庄的意思。许多地名都记录着故事,这些故事传递着中华文化,大家以后再和家人旅游时,也尝试去发现吧。

在学习成果展示过程中,学生们表现各异:有的学生像个敬业的讲解员,一本正经;有的学生像个时尚的小主播,风趣活泼;有的学生以知识为主线,对比分析,分享自己的发现;有的学生以文物为原点,连接生活,自由探索。这种自发寻找兴趣点、自由表达观点的学习氛围,让他们在培养表达能力的同时产生了一种自豪感、成就感。在展示交流后,被同学们认可的愉悦感使得他们的学习劲头更足了。

小学阶段的学习以感性、直觉为主,需要摄入丰富的知识营养,这就要求我们不断开阔学生的眼界,扩展学生的知识面,让学生走出教室,走到校园里去,走到博物馆里去,走到美术馆里去,走到名人故居去……放飞学生的心灵,让学生用自己的眼睛去观察,去发现,去感悟,去思考,去表达,这样的学习,学生怎会不爱呢?

午间漫谈——《小岛经济学》点燃一把火

"双减"政策颁布之后,学校的作息时间进行了调整,学生在饭后到午睡前大概有半小时的自由时间,这段时间荒废了实在可惜。于是我打算把这个时间段利用起来。

我对学生们说:"学习是你们自己的事,自己的地盘自己做主。中午这段时间,我们开启'午间漫谈',同学们可以把自己感兴趣的主题提出来,我们自由漫谈。"学生觉得很有意思,纷纷开始提出自己的主题,其中一位同学对经济很感兴趣,说经常听到爸爸给单位打电话时提到一些经济术语,自己好奇又听不懂,可是爸爸又没有时间给讲。

针对学生的发言,我查阅了很多经济通识类的书,发现了一本很好的书《小岛经济学》,便介绍给同学们。学生们在生动的小故事中理解了书中海岛之间经济的运作规律,产生了对经济学的无穷热情。

2021年底,网上又热传"降准"这个词,于是第一次"午间漫谈"就由小博同学联系《小岛经济学》这本书的知识讲述"降准"这个词的内涵。

银行需要把钱借给企业去赚钱,于是就会发放贷款。为了防止借款的人不还钱,所以银行要留一部分,以防万一,留下这部分钱就要交给央行保管,这部分就叫作存款准备金。为什么要交给央行保管呢?因为要确保真的留了这笔钱,央行也要负责。到底每个银行要交多少钱给央行呢?举个例子:如果我们存进银行100元,银行就要交给央行10元钱,就是这存款准备金,剩下的90块钱,自己留着放贷。"降准"降的就是这10元。今年降了0.5个百分点,那就是央行只留了9.5块钱。为什么降呢?因为降了以后各大银行就能留下更多的钱去放贷款给实体经济,让大家搞创造,搞生产,也就是说,降准意味着中央想推动经济发展,帮助企业渡过难关,让失业的人更少,让生活变得越来越好。

小博的讲述让同学们豁然开朗。第一次漫谈吸引了更多对经济学感兴趣的同学,他们纷纷开始思考自己感兴趣的问题,不久,阿原又介绍了"CPI"这个很难理解的概念。他通过生动的画面和小故事,还有丰富的数据图,把这个概念讲解得通俗易懂,同学们听得津津有味。

午间漫谈从此一发不可收,在兴趣的推动下,同学们一点一点地拓展内容,从经济学到医学,从医学到战争,从战争到历史,从历史到文化,学生们徜徉在知识的大海中,走进了美好的学习天地。遇到比较难理解的知识,我也会精选一些视频帮助大家理解,比如经济学家林毅夫的小视频、温铁军教授讲的振兴西部的双循环经济战略、郎咸平的《郎咸平说:新帝国主义在中国》这本书中的一些案例,及时打开学生的视野。

谁又能说《小岛经济学》点燃的这一把火,将来不会在我班

"烧"出一个像林毅夫那样的经济学家呢?

向美而遇的"融创教育"理念就是这样:可以容纳一切因素、一切空间、一切困惑,然后让诸多元素有机地结合,创意出新的教学模式,新的学习方式。

学习自主——巧用积分制

同事张老师跟我反映，她用积分制激发学生的学习自主性，开始有作用，后来对一些学生就不太管用了。积分制确实是很多小学教师喜欢使用的激励策略，但是，积分制并不是简单推行就可以的，在使用中有技巧。于是我和张老师一起分析了其中的原因。

张老师使用积分制管理遇到的第一个困难是：学习好的学生喜欢参加，学习差的学生没兴趣。积分制实施的最初两周，所有学生都热情高涨，两周后，慢慢变成了一部分学生的狂欢，产生了马太效应——好的学生积分越来越高，学习困难的学生积分越来越低，最后学困生直接躺平，积分制直接瘫痪。这说明我们在设计和制定规则的时候缺乏细致的研究，应该设身处地为每一个学生思考，让学困生也能赚到积分，看到希望。只有让班级里的每一个人都体验到游戏的乐趣，活动才能开展下去。为此，在制定获取积分规则的时候，要有多元化评价指标，学生既可以凭借学习进步取得积分，也可以凭借书写工整、乐于分享解题方法、上课主动质疑、计算提高正确率、作业速度提升等加分。另外，班主任应该与各科老师保持沟通，说明此活动的意义，请他们多鼓励那些学习困难的学生，多发现他们的进步之处，尤其是可以引导学科教师关注过程性评价和表现性评价，有意识地给一些学生提供加分的机会，最终做到人人都有积分，激发所有人的能动性。

张老师很认真地改进了积分的规则，让我提提建议。我看后提出：积分制一开始不能设计得过于复杂。过于复杂的规则会让学生无所适从，有些接受能力比较差的学生会弄不明白，一开始就落后了，自然会对活动慢慢失去兴趣。所以，在活动启动阶段，积分的项目要少，要让人容易理解，容易操作，坚持低标准、严要求。比如，早晨按时交作业，按照学号顺序放好作业本，做到即可获得积分。等学生适应规则之后，再慢慢提高标准，覆盖更多事项。另外，积分必须按照标准发放，不能随意，否则学生会不珍惜，没有获得感。

张老师非常认同我的建议，一一照做。但一个月后，她觉得积分币的使用需要创新。为了寻找思路，我们一起研究了游戏币，发现游戏币分为两种，一种是玩家间可以流通的，一种是只能与系统交易的，大家当然喜欢玩家间可以流通的游戏币。同理，如果学生的积分只能按照高低排名，到学期末按照排名领取奖励，那么积分低的学生就没有积极性。

我给张老师推荐"积分币特权"的规则。积分就像学生间可以流通的货币一样，它有很多功能。比如，50个积分可以自由选择座位，或者兑换班里的黄金座位；40个积分可以帮其他同学抵消一次处罚，培养奉献精神；30个积分可以抵消一次违规的惩罚；20个积分可以给班级同学播放一首自己喜欢的歌曲等。当然，具体规则要和学生一起商量决定，尊重学生的参与权。

活动又开展一段时间之后，张老师高兴地告诉我，经过改革的积分制非常有效果，学生的学习主动性大大增强了。好多学生觉得自己的积分用途多了，有价值了，更有赚积分的动力了，班级里的学习气氛迅速好转。

  这个事件启发我们，班主任在设计活动的时候，要学会站到每一类学生的角度换位思考。并且，在活动实施后，要依据实际情况不断研究，及时调整，不要轻言放弃。如果设计完活动不认真执行，或者虎头蛇尾，很容易降低老师的威信，将来再开展活动就会很困难。

学会合作——在解决问题中培养能力

当今的学生有一个很突出的特点：不善于合作，不善于听取建议。在课堂上的小组讨论中，常常出现"假讨论"的现象，只顾发表自己的看法，不能认真倾听他人的想法，更不能主动对比自己的和众人的看法，从而提升自己的见解。为解决这个问题，在教学实践中，我经常引导学生在真实生活中一起合作。

劳动课《拆解玩具车》注重培养学生的观察能力、动手操作能力，但在上课过程中，每个小组分到的玩具车只有一辆，所以需要大家合作完成，协商解决谁先拆、谁负责拆什么部位等问题。我意识到这是培养合作能力的好机会。课上，我们先分好小组，每组分发一辆玩具车，大家一起观察玩具车的外观和造型，讨论拆解的思路。这时，我明显发现，有的学生很有经验，有的学生则完全没头绪。于是，我请有经验的学生站起来讲解拆解玩具车的步骤，同时提醒其他学生注意倾听，不要发出声音，等听完后再提出自己的疑问或者补充自己的见解。对小学生来说，这个提醒是非常有必要的，因为他们常常迫不及待地要发表自己的观点，很难专注倾听。一堂课下来，学生逐渐习惯了互相讨论、互相学习，也认识到了"1+1>2"的道理。

有了这次课的合作经验，学习《环保小车我来造》时，我们继续采用分组合作的方式。上课时，我利用课件出示各种自制的环保小车，请学生分析它们是用什么材料制作的，然后在组内交流，谈一谈制作环保小车的构思、用料及方法。有部分动手能力强的学生很快有了初步的制作想法，但有的学生还完全没有思路。针对这种情况，我引导已经有思路的学生分享自己的想法，并请组内的其他学生找出这些想法的优点和待改进之处，然后更新构思，一起设计、画图、备料、制作。学生们分头行动，有的负责搜集废旧材料，有的负责购买工具，有的负责装饰成品，顺利完成了环保小车的制作。

经过两次课的磨合，学生已经适应了合作学习的模式。在学习《调查共享需求》一课时，他们自动分好了小组，一起设计调查问卷，确定调查对象，在调查过程中，还会一起分享调查经验，高效地完成了学习单。

我发现，培养学生的合作学习能力是事半功倍的。最初，学生会在合作中遇到各种障碍，甚至会产生矛盾，比如两个人都想选择同一项任务。但是，这些障碍的解决过程本身也是形成学生合作能力的过程。在一个班级中，一旦学生形成了合作学习的能力，彼此之间有了默契，那么接下来的活动都会省心省力。

增值评价——关注学生的起点

班级里定期评选"进步之星"。实施了一段时间之后,有学生悄悄跟我提出异议。他们认为,有些学生被选为"进步之星",并不是因为他们的进步大,而是因为他们的人缘好。我把这个意见在班会上反馈给大家,让学生们公开讨论。大家觉得这确实是一个真实存在的问题。怎么解决呢?他们提出了各种各样的改进方法,有一种评价方案脱颖而出——增值评价。

这个灵感来自数学课上刚学过的数轴知识。学生建议自己给自己设定目标,用数值表示。比如,一个月内书写得2颗星,作业得3颗星,发言得到5颗星,自己本月目标就是10颗星。可以在数轴上标出箭头,表现出自己的进步趋势。经过大家的研讨,我们觉得用三种颜色标出进步趋势,展示在壁报上最美观明了。比如,假如自己预定九月的目标是10颗星,就先用黄色箭头指向10颗星的数值位置。当九月底达到或者超越了预定目标时,就可以把黄色箭头换成红色箭头。如果没有达到自己预定的进步值,只得到8颗星,就把黄色箭头换成绿色箭头,指向8颗星。

在评价方案的改进过程中,学生不仅设计了学习的目标,还逐渐加入了帮助他人进步、书写优秀、遵守纪律、与人交往、热爱集体等全方位的评价标准,这样的评价更加具体、全面、科学。

每个月进行增值评价的时候，小组内的讨论都很激烈，他们会把每一个同学的平日表现进行分类评价。这样，学生对于过去一个月中自己的方方面面都有了真实的认知，就会认真反思自己的行为，然后针对自己的问题在下一个月务实地设定目标，更加清晰地找到自己前进的方向。

改进评价方案后，很多学生在设定目标时都越来越客观。比如，有的学生字迹已经能够写得很工整了，那么他在书写上设定的目标，就不仅是工整干净，而是关注笔锋；有的学生数学很好，作业几乎每天都能全对，他给自己设置的目标就是每天找出一道较难的应用题，至少用两种方法解答。这种评价引导学生在已有的基础上进行提升，更加科学。

关注学生的起点，重视学生成长的过程，用发展的眼光看待每名学生，不妨使用这种直观而具体的增值评价策略。

鼓励提问——善用开放性思维

那年新接一个班,发现学生遵守纪律,很懂礼貌,就是不喜欢发言,上课总是等老师讲,不善于提问。

没有提问,课堂就很容易变成满堂灌,也不能很好地培养学生的发散思维。面对这种情况,教师必须进行干预。

课堂上,我多次强调,我欢迎提问,如果有疑问,可以随时提出来,不要担心提问质量不好。当学生有不同意见的时候,我都鼓励他们表达,无论他们的问题简单还是复杂,我都认真倾听。

提问是一门技巧,也是需要教师示范和教授的。于是,我用大家都熟悉的《小马过河》这篇课文做例子,让学生尝试提问。在确认自己的提问不会被嘲笑后,小家伙们的话匣子很快就打开了,提出了各种各样的问题。

"河边为什么不竖一个显示水有多深的牌子呀?"

"小松鼠到底身高多少?小马身高多少?老牛的身高又是多少?"

"妈妈为什么不直接告诉小马可以趟过河?"

"小松鼠两次劝阻有什么不一样吗?"

……

在同学们多次提问后,我也加入,提了一个问题:"老马为什么带着小马住在马棚里？为什么不是住在美丽的大森林里或草原上呢？"

看起来，这个问题和课文丝毫没有关系。不过学生还是纷纷发言，他们都觉得住在马棚里太臭了，不自由，也不舒服，还是住在草原上自由自在。我抛出新问题："小马怎样才能过上快乐的生活？我们可不可以改编一下故事的开头呢？"

学生通过讨论，改编了故事的开头。"美丽的大森林里，老马和小马收获了麦子，小马要亲自给爷爷奶奶送去品尝……"于是，一次写作小训练就顺势完成了。

我也鼓励家长们引导孩子们提问。家长会上，我分享了这次基于《小马过河》的提问练习，家长们都激动地鼓起了掌。

顺势而为——把突发事件转化为教学资源

一次上公开课,主题是"我们不乱扔"。学生们都很认真,积极发言,听课的老师也在认真做笔记。忽然,小树拿出一团纸,偷偷地扔向斜前方的学生。前方的学生被纸团砸了一下,非常恼怒,捡起纸团向我告状。

这一下,课堂上原本正常的节奏被打乱了,而且,这节课本来就是教育大家不乱扔东西,现在倒好,现场就开始扔东西了!

这样的突发事件,如果处理不好,就会影响大家的学习状态。我马上提醒自己,绝对不能发火。我平静地打开纸团,看到上面画着各种各样的小怪物。我就问小树,画的是谁,他说画的是怪物,我追问他,为什么上课拿这团纸去扔同学,他说他在打怪升级——这显然是从游戏里学来的。

二年级的学生把游戏和生活混在一起是常有的事,与其批评他扰乱秩序,不如顺势而为,把这个事件融入教学活动。后面的教学活动中,我要出示四个堡垒,请同学们进行闯关游戏,引导学生克服养成好行为的四个困难。不如就把小树画的怪物借用到这个环节吧。

我微笑着说:"你画的怪物真是各具特色,能不能借我用用呀?"小树有点吃惊,显然,他本来的预期是得到一顿批评。看我和颜悦色,他快乐地同意了。

　　于是我把纸上的怪物分开,在每一个堡垒上贴一个怪物,然后对大家说:"感谢小树画出这么好的怪物,下面我们一起来打怪升级,四人一小组,看看哪个组能最先完成学习任务,打败这些怪物。"因为这个小插曲,学生的注意力反而更集中了,那堂课后面的环节进行得非常顺利,小树也非常积极地发言。

　　下课了,大家都跑到前面来认真看刚才画的怪物。小树自豪地跟我说:"老师,我最会画怪物了,画的每一个怪物都不一样。"这时,我拉着他的手笑着说:"确实画得不错啊,很有创意。不过,怪物为什么被称作'怪物'呢?我们为什么要打它呢?是不是因为它们做的事情不合时宜?今天上课,大家都专心听讲,而你在捣乱,你不就像神话故事中那些给人类制造麻烦的怪物吗?我觉得你以后可以在课后时间画怪物,影响上课就不好了。"小树挠挠头,很不好意思。我搂着他的肩膀,微笑着说:"但是后来你的表现很好,后半节课你积极发言,还为同学的发言补充了很好的方法,这就是你在打败自己身上的坏习惯,这些坏习惯,也是'怪物',你能打败它们,恭喜哦!"他开心地笑了。

　　为了巩固他的行为认知,我说:"今天我们俩合张影好不好?这张照片记录下你今天的胜利,以后你要克服扰乱纪律这个'怪物',专心上课,遵守纪律,能做到吗?"后来我把和他的合影发给了他的家长,赞美了他在课上认真发言,专心学习。

　　从此,小树见到我就特别开心,还经常跟我说他上课发言的事情。从他的眼神中,我看到他感受到了专心学习的美好。

　　每个老师都会遇到课堂上突发的小事件,处理不好,就会影响上课的心情和节奏。我的经验是,每当这种时候,第一原则是千万不能随意发火，要相信每一个孩子都有一颗向美向好的心。然后，想办法把突发事件巧妙转化为教学资源，把不利因素转化为有利因素。从教时间久了，就会发现，其实学生长大后，记忆最深的反而是这样的"事件"，因为这样的事件不同于重复性的教育活动。所以，突发事件本身也是构成学生学习生活的重要部分，处理得好，就会产生强大深远的教育力量，处理不好，则会成为学生一生的负面记忆。

趣味阅读——寻找故事的"尾巴"

接到一个三年级的新班,学生们活泼好动,但注意力较差。怎么办呢?我尝试用阅读引导学生集中注意力。

我先让学生每人带来5本自己喜欢的书,编好序号放在阅读角。课间,我在讲台前静静地观察学生,盼望能看到学生主动借阅的情景。可是日复一日,学生似乎对我的"鱼饵"毫无兴趣,大多学生只是随意拿起一本,泛泛地看看书中的画,对于文字没有太多兴趣。

无奈的我决定讲故事吸引学生。班会课上,我给学生讲故事,学生兴趣盎然地听着,我绘声绘色地讲到最精彩的地方,忽然停下来,无可奈何地对同学们说:"真不好意思,我把结尾忘了。你们还想听吗?"学生一起大声喊:"想听。"我说:"我讲的书就是后面书柜里的,好玩的故事可多了,你们快找一找,看看我刚才讲的故事结尾是什么。谁第一个发现的我有奖励。"学生一下子来了兴趣,眼睛渴望地注视着书柜。我让他们每人选择一本书回到座位上看。

快下课时,欢欢找到了故事的结尾,兴奋地给大家讲起来。大家都兴致盎然地听着。我说:"还有谁想玩这个游戏,也来讲讲你读到的故事,让同学们去找故事的'尾巴',好不好?"学生们纷纷举手赞成。

第二天，小涵自告奋勇给大家讲故事，讲到一半，她停住了，请大家到书架上找故事的结尾，谁找到了，就可以参加她下个月的生日会。

就这样，我们把这个活动与班级评比制度结合，健全奖励机制。寻找故事的"尾巴"活动快乐地开展起来，孩子们慢慢地对书柜有了亲切感，经常可以看到有学生课间去翻阅图书。在语文课上，提前完成任务的学生也可以得到"自由阅读"的奖励。这激发了学生学习的主动性，一年的时间里，书柜上的书换了三次，家长们都非常支持。

第四章 行为之美

行为之美是一个社会进步的表现，是社会文明的镜子。近年来，社会上的诸多"丑相"引起了大家的关注：小孩子对老人出言不逊；有人在公众场合横躺竖卧，举止粗俗；足球赛场上脏话满天飞……这都在提醒教育工作者，必须严肃思考"怎么培养人，培养什么样的人，我们培养的人行为美不美"这个问题。其实，学生的行为养成与追求分数从来都不是矛盾的，向美而育的"融创教育"，就是要在日常的教育生活中，通过一件件小事引导学生学会判断行为的美丑，学会分析生活中习以为常的现象，从而提升行为美。学生时代的这种行为塑造，自然也就会为未来国民的行为美奠定基础。

守纪之美——解决问题只是起点

大家可能经常会碰到学生迟到的问题，我们班也不例外。小轩同学每天早晨都会迟到，第一节课大多是数学课，老师开讲后小轩才进门，还经常放下书包再跑出去上厕所，一会儿又跑回来，很影响同学们听讲。数学老师向我反映这个问题后，我打算运用向美而育的理念，帮助小轩理解此行为的严重性。

首先，我让同学们谈谈自己在听讲的时候，看到小轩迟到进门有什么感受。同学们发言后，小轩感受到了同学们对自己的不满，认识到了自己行为引起了大家的气愤，低下头不说话。

此时，我给大家展示鲁迅先生小时候在课桌上刻的那个"早"字。

鲁迅小时候在三味书屋读书，父亲生病的时候，鲁迅一边上学，一边帮母亲料理家务，每天奔走于当铺、药铺和书塾之间。有一次，鲁迅因忙着照顾父亲、帮助母亲，上学迟到了，先生严厉地跟他说："以后要早到。"从那以后，鲁迅便在书桌上刻下一个"早"字，同时也把信念刻在心里，再也没有迟到过。无论是上学，还是在后来的工作和生活中，鲁迅都格外勤奋，格外珍惜每一秒时光。

学生讨论了这个故事中鲁迅的优秀品格，鲁迅小时候那么辛苦，要帮父母做事，还能做到不迟到，相比之下，自己可谓条件优越，有什么理由迟到呢！

接着，我们结合《道德与法治》的知识开展了规则教育。

在《道德与法治》四年级课本中有"班规制定"的知识，六年级课本中有对"权利"的阐述，所以，我结合这两处知识让学生分析规则和权利在集体中的作用。很快，同学们认识到，每个人都有专心听课、不被干扰的权利，也都有遵守集体规则、不影响他人的义务。小轩这才认识到，迟到不是一件小事，而是在侵犯他人专心听讲的权利，是不对的。

经此交流，小轩果然改变了迟到的毛病。但是我并没有把这件事情忘掉，因为好的教育从来不止于解决问题，而是要时刻关注每个儿童的健康发展。小轩还需要以更好的姿态融入集体，得到大家的认可，感受到集体的温暖。

在一次公开课上，讲到自强不息的人格修养的时候，发言的同学偶然间提到，小轩很诚信，说好不迟到就真的不再迟到了，勇敢地改掉了自己的毛病。于是我抓住这个契机，让小轩站起来说说此时的感受，小轩说听到同学们对他进步的赞赏，很感动，他一定要坚持下去，决不再迟到。我借此机会赞美他，信守诺言是美好的品格，也是自强的表现，让学生们懂得遵守纪律是美好的行为习惯，会获得大家的尊重和喜爱。

此时，对"小轩爱迟到"的教育画上了一个圆满的句号。我没有停留于严厉的批评，因为那会让小轩觉得沉重，而是有抑有扬，让教育的过程变成一曲旋律优美的歌。在这个过程中，我们融入了法律知识，融入了同学友情，也融入了理性思考，在公开课上及时抓住教育契机，给改正错误的小轩正向肯定和反馈，也让全班学生感受到帮助他人改正错误、赞赏他人进步的价值。

男生之美——"长津湖小奖牌"的由来

五年级男生开始注意自己的个人形象了。有的同学在自己的头发上打发胶,让脑门儿上那几根头发立起来,常常一边听讲一边用手捋头发。甚至还有男生在手指上戴上戒指,穿起了肥肥垮垮的裤子,还有意无意地把裤子松松垮垮地拌在胯骨上,显出一副颓废不羁之态。更有甚者,居然有男生为了防晒拒绝上体育课,躲在树荫下不愿意去跑圈,还嘲笑那些踏踏实实跑步锻炼的同学,觉得他们粗野土气,不够美。

作为一个老班主任,我深知,近些年来,受各种因素的影响,男孩身上的阳刚之气少了,现在看到这种苗头,正好借机开展一次关于男子汉之美的教育,为他们的生命涂上健康的底色。

班会课上,我先问同学们懂不懂传统文化中的"阴"与"阳"。同学们纷纷摇头。我说:"'阴'与'阳'是中国古代哲学里的概念,古人说'一阴一阳之谓道',意思是事物都有两面性。比如,有壮美之境,必有优美之境;有壮志如山,必有柔情似水;赏阳刚之美如饮美酒,赏阴柔之美如品清茶。大家都知道太阳,那你们知道古人把月亮称为'太阴'吗?这就体现了阴阳思想。这种思想通常希望男孩子身体强健,大气勇敢,养成阳刚之气,勇于承担社会责任,多一些男子汉的气质。不过,近些年来日韩文化比较流行，造成部分年轻人追求美男形象，外表阴柔，唱歌也软绵绵的。老师今天要给你们布置一个任务，周末去看电影《长津湖》，了解一下真正的男子汉应该是怎样的，周一在班里分享你的看法。"

看完电影，学生总结道：有阳刚之气才是真正的男子汉，男人就要顶天立地，承担起保家卫国、发展国家的重任，为此，我们要养成坚毅、勇敢、担当等男子汉品质，而不是追求涂脂抹粉的美。

恰在此时，中国公布了中印边境牺牲的四位烈士的事迹。我让学生反复观看，同时讨论男子汉应该是什么样的。在班会小演讲比赛上，同学们从中印边境的战士讲到解放初研制"两弹一星"的科学家；又从老一辈科学家谈到当今的科学家程开甲、郭永怀、施一公；再从科学家讲到企业家……学生认识到，国家振兴需要男子汉，男子汉之美在于刚毅之心，正义之气，为国奋斗。最后，我们把"为天地立心，为生民立命，为往圣继绝学，为万世开太平"写在了板报上。

从那以后，我们班就设立了"长津湖小奖牌"，奖励每月评选出的班级小男子汉。谁最能吃苦，谁进步最快，谁不怕困难，敢于担当，谁就可以获得进步奖贴，累计获得100个奖贴就可以拿到"长津湖小奖牌"，作为学期的最高奖励。

此次教育极其成功，学生都理解了什么是男子汉的仪态之美，再没有人模仿一些男子舞团的颓废之气、媚俗之气。

五六年级的男孩开始重视自己的仪表，此时，教师需要及时引导，将他们对仪表美、气质美的认知引向阳光积极的方向，在少年时代就形成健康美的观念。

运动之美——从舞龙开始

运动之美和其他事物的美不一样,因为运动充满激情,可以释放身体的活力。然而随着生活水平的提升,许多家长却不愿意让孩子太吃苦,尤其是在运动方面,于是养出许多小胖子。

家长真的不知道胖学生的苦。观察胖学生在学校的表现,我十分为他们担心。一个孩子在几十个人的集体中生活是很不容易的,他们要有志趣相投的同学,要有相互欣赏的伙伴,而胖学生在其中会自然不自然地受到很多同伴的压力。比如,在体育课上,结伴参加小组竞赛,无人愿意与胖学生结伴,更不要说节日里的表演,胖学生无法穿上统一服装。

胖学生往往不爱运动,越不运动就越胖,从而恶性循环。我想最重要的就是引导他们爱上运动。

为了让胖孩子感受到运动的美好,我在班级活动中尽力增加运动的元素。比如在一年级的时候,我们开展了舞龙迎新年的活动。一条龙要5个人才能舞动,班级的6个小组正好组成6条小龙。5个人训练时必须行动一致,配合默契,这就让那些小胖墩儿们不能随意偷懒。家长也参与到训练中,看到自己的孩子汗流浃背,跟不上节奏,他们确实有些心疼,但是又看到其他的孩子活蹦乱跳,在对比中发现孩子体质上的差异,也开始焦急,愿意多让孩子锻炼了。舞龙活动有趣又减肥，后来被确定为学校开学典礼的主要表演项目。

此后，班级长期开展运动类的活动，比如，清明节去登山、放风筝；夏天去徒步、野营、划船……

运动不仅可以减肥，更可以锻炼毅力。在一次登山活动中，我身边的学生接到了妈妈的电话，让他赶快下山，坐缆车上去。想到这名同学平时在学习中就容易退缩，不愿意吃苦，我便鼓励他跟着我慢慢爬。到了山顶，他的妈妈一脸焦急地说："哎呀，我打电话叫你，为什么不跟我一起坐缆车？"我请他的妈妈坐到凉亭里，说："还记得去年您跟我提到孩子学习不够吃苦勤奋，你很着急。今天的登山运动，正好可以让孩子加强体育锻炼，学会吃苦，您看，在我的鼓励下，他自己爬上来了。我们想让孩子勤奋，就要时时刻刻给孩子创造勤奋的机会，这样将来孩子在未来的人生路上碰到挑战时，才能凭借勤奋和自信去取得胜利。不要说中考、高考，即便是工作以后也会碰到很多困难，如果我们总是让他半途而废，下去坐缆车，请您想一想，在社会上碰到困难会有'缆车'让他坐吗？"

一年级的时候，班里有很多学生身体素质检测不达标，因为我们班坚持积极开展各种运动，到了四年级，学生的身体素质已经全部达标，运动会上更是连创佳绩。比赛时，运动员竭尽全力地为班级争取好成绩，"啦啦队"努力呐喊，"后勤服务员"送水送衣服，摄影的学生抓拍每一个精彩的瞬间……每个学生都奋力向前，为伙伴加油。

爱运动的人一定爱生活，爱生命，爱奋斗。学生因运动而变得充满活力，家庭生活也因运动变得丰富多彩。教师应该努力引导学生热爱运动，做好运动的启蒙教育。

学会交流——班级圈的趣味沟通

一次班会课上,学生诉说对家长的不满,有的说爸爸只关注自己的事情,向他请教问题时他总是不耐烦;有的说自己给爸爸提建议的时候,爸爸听都不听就直接否决,用权威来镇压;有的说跟妈妈说话时,还没说完呢,妈妈就让闭嘴,太伤心了……

确实,许多父母工作繁忙,有可能顾不上与孩子交流沟通,但是,学会让父母听自己讲话也是一种能力。于是,我教学生下次遇到这种情况时,不要放弃,要心平气和地主动沟通,为了引起父母重视,可以先说出自己的感受再谈理由。例如,可以这样表达:"妈妈,我有点难过,我希望你下次能尊重我,不要再无视我。"

当然,我还需要双管齐下,让家长意识到自身的问题。于是,我把课上学生的抱怨录成视频,发给家长。为了避免尴尬,发视频前,我借助当时流行的一句有趣的话,给家长发了一条短信:

您好,今天我们学习了怎样与人交往,孩子们吐露了自己的心声,他们不满家长对自己的忽视,我想到一句话"今天你对我爱答不理,明天我让你高攀不起"。您平时尊重孩子,孩子才听得进去您的话,如果总是敷衍孩子,只要求孩子学习,孩子将来进入青春期时，可能就不再理会家长了。我知道当家长的确不容易，工作很忙，但是陪伴孩子需要耐心。让我们一起加油，关注孩子的心灵，用温暖的话语、尊重的态度，培养孩子的沟通能力。

家长很感动地回复：

谢谢林老师，我们家长确实有很多时候忽略了孩子的感受，甚至用家长的权威粗暴简单地要求孩子按照我们的意愿去做事，没有和孩子进行有效沟通。刚才我认真地向孩子道歉了，以后每天睡前和孩子约定亲子时间，相互认真倾听和分享。

第二天，我和全班学生分享了这次交流的短信，一起思考、总结、交流成功的秘诀。学生领悟到，交流要友善、真诚、尊重、充满趣味，设身处地为对方着想，这样对方才容易接受。

交流是日常生活中最需要的能力之一。但是，学生的交流能力也是需要成人引导、示范的。这次精心设计的示范交流，让学生在轻松愉快的氛围中掌握了与人沟通的基本原则和技巧。其实教师可以在平时有意识地多作示范。比如，批评和表扬是师生之间最常发生的事情，教师可以避免使用生硬、刻板的语言，而是让批评和表扬的语言、语气、形式更加多样化，让学生感受到，无论批评还是表扬，老师的出发点都是为了自己的成长，如此，批评就不会损害师生关系，表扬也会显得更加真诚。

有时候学生上课走神，我会用歌声或者手势、眼神去提醒他。比如对着学生唱"对面的男孩看过来，看过来，看过来"或者"天青色等烟雨，而我在等你……"此时，走神的学生会觉得不好意思，赶快集中注意力，还能耳濡目染地学会用幽默的方式解决问题。当听到同学的精彩发言时，我常常发出由衷的赞叹："啊，今天你的发言是送给我最好的礼物，谢谢啦！"或者说："哇，你怎么能够有这样独特的角度，给大家新的启发，我太激动了！快，'飞'过来让我抱抱！"在欢快的气氛中，学生"飞"过来了，和我来个"大熊抱"，此时，教室里全是学习的快乐和兴奋。

在教育过程中，"创意"必不可少。创意趣味短信的内容，让家校沟通毫无障碍；创意趣味的表扬方式和批评方式，使学生乐于接受。更重要的是，长此以往，学生也能学到多种沟通技巧，对形成友善和谐的班风很有帮助。

"坐"的礼仪——这个动作不简单

有一次,在礼堂观看演出,节目丰富有趣,学生十分开心,但随后却发生了争执。原来,因为礼堂里是成人标准的座椅,所以很宽松,学生坐得东倒西歪,有的甚至用脚蹬前面同学的椅背,所以产生了矛盾。联想到近期高铁上因为类似情况产生的纠纷,我决定回班开展主题为"坐姿之美"的小班会。

我给学生出示了一则新闻。某日,有市民与友人提前到影院候场准备看电影,一位白衣女子坐的位置比较靠中间,可能是玩手机太投入,没注意身边有人来,她就把脚直接放在前排椅子上,喝着饮料。电影开始没多久,来了另外一个女孩坐在白衣女子旁边。放映过程中,这两个女孩经常拿手机翻阅、拍照,特别影响坐在她们身边的人,直到电影结束,两个人还在讨论,声音不小,还不停地吃零食。电影放映过程中,那位带朋友的市民一直咳嗽提醒她们两个,结果并没有起到任何作用,电影一放完,市民就和友人起身走了,这场电影可以说看得特别扫兴。

同学们在评论这则新闻的过程中,感受到了坐姿问题的严重性,也感受到了在大礼堂里应该保持个人修养。坐姿不仅是一个小小的动作,还影响着周围很多人的心情,甚至会惹出麻烦。

接着,我又让他们看了网上的另一则新闻,大致是某头部电商主播回到家乡,受到领导的接见,其间,她翘着二郎腿。这引起很多网民的议论,觉得她的素养太差。

学生在交流中进一步懂得了坐姿体现着一个人的修养,不同的场合应该有不同的坐姿,不能放纵自我。尤其是在公众场合,更应该举止文雅,为形成良好的社会风气贡献自己的力量。

最后,我又让同学们看了第三则新闻:某日早上,开往北京南站的列车上,一名男子不肯"对号入座",而是霸占了一名女乘客靠窗的座位,各种耍无赖,最后受到了应有的处罚。

中国是礼仪之邦,自古以来就讲究礼节。身为教师,我有必要将与"坐"有关的礼仪借此机会分享给学生。

于是我们分享了两则小故事。

一是《史记》中记载荆轲刺秦事败后,"倚柱而笑,箕踞以骂",其中"箕踞",就是荆轲对秦王的最后一击,这是礼节上的羞辱,表示自己意志上的不屈。二是《韩诗外传》记载,孟子妻独居,踞,孟子入户视之,向其母曰:"妇无礼,请去之。"母曰:"何?"曰:"踞。"虽然故事的结局是孟母教育了孟子,不应没有声响就进到妻子闲居休息的地方,是"汝之无礼也",但从孟子的态度也可知坐姿非常重要。同学们从故事中认识到,"怎么坐"是个重要的问题,因为坐姿这细微的动作可以表达人的内心世界和教养。我趁热打铁,又给同学们观看了医学小讲座"小小脊椎对你说",讲述有关脊椎的健康知识,让学生们知道坚持健康的坐姿,脊椎才能得到正常的发展,不良的姿势会对心肺功能、颈椎、腰椎、生殖系统产生极大的影响,还会造成近视等。当学生亲眼看到腰椎间盘突出和静脉曲张的病例时,真的非常震撼,马上纠正了自己的坐姿。

我展示了几种标准的坐姿，让学生模仿：写作业时、读书时、举手发言时、坐小板凳时、坐沙发时都有不同的标准。后面两个月，班里开展"谁的坐姿最美"评选活动。同学们在活动中感受到了"坐姿"的重要性，也明白了健康的坐姿不仅代表个人修养，更体现着美好的班风。

经过两个月的坚持，班中很少再出现那种歪歪扭扭、懒懒散散的坐姿，看到学生们阳光向上的挺拔身姿，我很是欣慰。

声音之美——班级"rong"文化

课间，总是有一些学生一兴奋就大喊大叫，说话不会小声，显得非常吵闹。这在小学是普遍存在的问题，每年，我都会就"声音管理"设计相关活动。

今年，我们首先带领学生制定了班级文化——"rong"文化。具体包括知荣辱、讲融合、女容雅、语瑢声、势嵘姿、似榕生。其中分别对男生和女生有具体的要求。女生的要求是"女容雅、语瑢声"，"瑢"指的是与玉器相同的美妙声音，希望女生说话有修养，声音清脆甜润。男生的要求是"势嵘姿、似榕生"，是山势高峻的样子，希望男生具有内外兼修的俊朗健美，具有不惧困难的勃勃生机，像榕树可以自己形成一个生态小世界。

制定完班级文化后，我又让学生看了两组视频的对比。一个餐厅里安安静静、整整齐齐，大家在文雅地就餐，另一个餐厅里人们大声喧哗，行为举止都比较粗俗。学生通过讨论，认识到了不仅说话的内容和修养有关，音量和语调也与修养有关，我们的音量要符合所在的场合，遵守那里的明确规则和约定俗成的规则。

最后，我播放了本校高年级的大哥哥大姐姐自习课安安静静的情景和我们班课间乱哄哄的情景。两组视频一对比，学生就害羞了，他们在发言时非常可爱，说："我们太丢人了！显得很没教养。""我没想到大声说话会让班级显得这么乱。"看来,都能承认自己的行为不够好,承认乱哄哄的班级很不光彩。看到学生达成共识,我决定把"声音之美"这个主题适时推出。

我对学生说:"其实,说话是一门很深的学问。管理好声音,对个人的身体也是有好处的。"我请同学们交流分析有哪些好处,有学生说小声说话可以保护自己的嗓子,又有学生说声音过大会让别人觉得自己急躁,态度不好,这样容易发生争吵,产生矛盾。

我们一起在黑板上总结,以便达成共识:说话音量合适,举止文雅,会获得别人的尊重,既有利于我们的健康,也有利于与他人顺利沟通。

学生提问什么才是合适的音量,我顺势提出,让他们练习掌握四级音量。一级音量就是两个人说话的时候让对方听到即可。二级音量就是在小组讨论的时候,五六个人听到即可。三级音量就是在上课时,大声朗诵课文的音量。四级音量就是比赛场上加油、呐喊的音量。为了让同学们保持音量控制意识,班级中开展了"优雅小学士"活动,定期评比哪些同学语音最美、说话最文明、举止最优雅。同时,请学生和父母一起尝试在家里、在路上、在公共汽车上说话控制音量,亲子共成长。

对小学班级的"吵闹",一味批评、指责、压制是不行的,必须通过生动有趣的活动,使学生认识到声音美是行为美的重要组成部分,让学生在对比中发现控制声音的重要性,形成文明说话的习惯。更重要的是,要让小学生知道控制声音的方法。

言行之美——争做"自律节度使"

疫情三年过去,学生有很长时间待在家里,自由散漫久了,加上网络的影响,沾染了一些不良习气,学了很多粗鄙的话,回到学校后,这些脏话经常随口飘出来。还有一部分学生,坐没坐样,站没站样,上操时含胸驼背,缺乏阳光向上的精气神。我在班里几次指出这个问题之后,发现并没有太大的改观。看来,如果一味讲道理或者提要求,很难有效果,必须想办法激发起学生自己对这个问题的重视,自觉改进行为。

一天,在翻阅一本历史书的时候,看到各种充满传统意蕴的官称:尚书、御史大夫、郡守等,忽然冒出一个灵感,可不可以借助这些有趣的称号和竞赛活动引发学生的兴趣,让他们约束自己的言行呢?

于是我在班会上公布了新的评比活动,叫做"竞选节度使"。活动规定,依据平日表现,选出说话文明礼貌的学生,封为"雅言小郡守",选出身姿挺拔优雅、阳光向上的学生,封为"雅行小御史"。如果连续获得这两个称号,就可以晋升为"自律节度使"。我们班级的壁报上有古色古香的亭台楼阁、荷榭渔船,被评上的学生可以根据自己的意愿选择喜欢的位置,把写有名字的名字贴放上去。

不仅"称号"特别，我们的记录方式和奖励方式也十分特别。记录的时候，用古色古香的小篆刻章给入选的学生印上红色的印记。奖励则是可以用老师的手机给家长打电话，把小惊喜传递给家长。这个评选活动新颖特别，学生们兴趣盎然，非常兴奋地参与其中，教室里不时飘出充满正能量的话语："我还有两个章就能进阶成'自律节度使'啦！""我妈妈特别愿意接到表扬我的电话。"一边说一边眼神中充满对下一次评选的期待，不由自主地就把身姿坐正了。这段日子里，不文明的语言逐渐减少了。

到了期末，壁报已经变成了一幅画，远山上有"自律节度使"们在鸟瞰大地；凉亭的飞檐上，挂着"雅言小郡守"们的期盼；荷花丛中，小船上展现着"雅行御史"们的身姿……学生们望着这幅独特的画卷，回忆着一学期的快乐时光，都舍不得把它摘下来。

面对问题，仅仅讲道理是不够的，必须善于开发生动的教育形式，才会有更好的教育效果，也才会使教育的过程和风细雨、润物无声。我相信，只要我们善于观察和思考，就可以生发出许多这样的金点子。

防撞指南——从画图演示开始

我们学校有几千名学生,教室是楼房,楼道也比较窄。小学生活泼好动,所以,多次发生在教室门口和楼道拐角处学生撞到一起的情况。这一天,思雨和赵辉一个往教室里跑,一个往教室外跑,结结实实地撞在了一起,还各不相让,扭打在一起,结果思雨的额头撞到墙角,破了个大口子,到医院缝了两针。其实,关于楼道里轻声慢步的问题,我已经多次提醒,但是学生似乎左耳进,右耳出,很快就忘到了脑后。怎么办呢?

空间的逼仄是客观存在的,仅仅批评和指责学生无济于事,解决问题才是硬道理,我应该和学生一起想办法,研究一份防撞指南。

小学生的思维比较直观,我决定用画图的方法,引导他们思考。楼道是90度拐角,我采用俯视的角度画了楼道示意图,让学生从多角度主动去思考,怎样才能不撞到别人。学生用笔在图中画出各种方向,商量各种姿态,我鼓励他们可以站起来两个人去演示,看看怎样才能保证自己安全通过。经过热烈的交流,他们总结出了最佳方案:如果想要贴着门的左侧出去,那就要贴着门的左侧伸出左臂,让楼道里面的人能够看到。因为胳膊肘是向右弯的,所以即使左侧飞跑过来的人撞上,也不会伤到手臂,从右侧跑过来的学生，看到手臂也有"刹车"的机会，贴着门出去的人自己也有收回胳膊的时间。反之，从门的右侧出，就贴着门的右边框伸出右臂，有效地预警楼道里的学生，避免撞在一起。当然，如果自己在楼道里走路，也要控制速度，注意观察，经过其他班级的教室时，留意里面是否有人员出入。

讨论结束后，我们把防撞指南打印出来，贴到墙上。此后，撞人现象几乎绝迹了。

在学校教育中，有问题不可怕，只要我们运用智慧，就可以找到解决的办法。本次活动借助图示，启发学生自己寻找解决方案，不仅培养了学生多角度尝试解决问题的能力，也使他们对问题本身的认知更加深刻，时刻为他人着想，向着谦谦君子的方向成长。

后来，有学生提议，在教室对面的墙上放一面类似山道急转弯处常见的那种镜子，可以帮助我们提前看到楼道里的情况；有学生提议在拐角处贴上自己设计的提示语，请大家注意安全；更有可爱的学生主动当起了志愿者，轮流在楼角站岗，照顾易被撞伤的小同学。他们的行为播撒着关爱的种子，收获着和谐美好的校园秩序。

节能减排——地球发烧我有责

有一天,两个学生在班里聊天。张鑫问韩铮:"你家换了一辆宝马车呀?我刚才看到了。"韩铮很自豪地说:"对呀,我们家新换的车,好几十万呢,我爸爸说这是最好的车。"这时,坐在教室里另一侧的刘明明说:"老师说要提倡绿色出行,尽量少开汽车,你家离学校这么近,是不是可以走着来?"韩铮毫不在意地说:"我家离学校这么近,每天只开这么短路程,能对环境有什么影响?"

看来,班级里的环保教育做得还是不到位。于是我决定设计一次跨学科活动,主题就叫"地球发烧有我责"。

首先,我与数学和科学老师进行沟通,设计出活动的第一环节:请学生借助数学课学到的百分比知识,计算真实情景中汽车、空调的碳排放量。科学课则请学生做对比实验,了解植物在良好环境和恶劣环境下的差异。经过亲手计算、亲自实验和观察,学生真切地看到了碳排放对环境的影响,认识到了低碳生活的确很重要。

接着,我们又在道德与法治课上探究"一件衣服的前世今生",针对三种材质的衣服分组研究。第一组研究一件棉质的衣服,学生了解到了从种植棉花到织布再到制成衣服的碳排放量;

第二组研究一件皮质的衣服,学生了解到了从养殖到屠宰制革整套工艺流程的碳排放量;第三组研究一件化纤衣服,学生也通过石油提炼等工序计算出了碳排放量。三个小组在核算完碳排放之后,都被自己算出的数字深深地震撼了。他们感叹:真没想到制作一件普普通通的衣服居然会产生这么大的碳排放量!

接下来,我又让学生观看视频,了解更小的物品——一瓶饮料,生产过程中的碳排放量。学生们深刻感悟到,生活中任何一件东西都消耗了很多资源,同时对环境有所污染。此刻,学生的认知开始改变,意识到了减少碳排放的重大意义。

改变了认知,还要改变行动。下一个环节,我们一起探索减碳妙招。我们开展了"妙招大转盘活动",每个组在教室中间的大转盘上贡献自己的减排小妙招。比如,在马桶箱里放上一瓶水,每次冲水时就可以少用一瓶水;电脑不用的时候马上关掉;随手关灯;根据气温随时调节空调的温度……各组解说员一边转动大转盘,一边讲述,最后把所有的小妙招按照吃、穿、用、行分类,抄写在黑板上。

最后就是要把节能减排落实到自己的生活中。首先,我们寻找、发现身边的节能减排榜样,比如家里的奶奶爷爷、爸爸妈妈,或者身边的同学。有的学生说:"我们班的卫生委员每天都会及时关灯,他是我们的好榜样。"有的学生说:"我的同桌吃饭从来不浪费粮食。他是我的好榜样。"有的学生说:"我爷爷每次都把穿旧的衣服撕成布条儿,做成墩布,我觉得爷爷是我的榜样。"有的同学说:"爸爸妈妈每年春天都带我去种树,为社会多一些绿色做贡献,这也是美化环境的好办法。"学生在交流中发现,每一个人都有节能减排的义务,身边的人都在用力所能及的方式保护环境,这可以从一件件小事做起，并没有原来预想中那么难。

我顺势请大家记录自己一个月以内的低碳行为，并在班会上进行分享，以此方式促使学生做到知行合一。

一系列活动下来，我注意到韩铮发生了明显的变化，原来连一站路都懒得走，总要求爸爸开车送，现在则自觉改掉了这个习惯。他说："每天走一公里，不仅仅减排，还锻炼身体。"

教育不是干巴巴的说教，更不是硬性的规定。教师要善于用这样的创意活动，引导学生改变认知，改变行为，自然而然地形成正确的价值观。

手指之美——五个手指有修养

课间,一个学生飞快地冲进教室,后面一个学生急赤白脸地追进来,一看到我在班里,立刻放慢脚步,装作没事发生。从他们的眼神当中,我看到他们之间激烈的矛盾并未化解,于是问他们怎么回事。原来,前面的学生冲追来的学生竖中指,追过来的学生非常生气,可前面这个学生还拼命地竖中指,围观的同学也跟着一起哄笑,所以两个人就一直追到了班里。我让他们该道歉的道歉,矛盾暂时平息了,但是,我的心情并没有平息——不知道谁带的头,班里很多孩子都出现了竖中指这个不文明的行为,已经引发了好几次矛盾。

学生的问题还是要回归到学生中间寻求答案。我们开展了"五个手指有魅力"活动,让学生一起讨论五个手指分别有什么作用。同学们叽叽喳喳,讨论得很起劲儿。最后,大家一致认为,竖起大拇指是赞扬别人,意味着认可和鼓励;伸出食指是指责别人,有指指点点的意思;竖中指是骂人的,是不礼貌的行为。至于小拇指,大家一时语塞,不知道它代表什么。我让学生看了动画片《可爱的手指》,启发学生思考手指的魅力在哪里,学生发现拉小拇指有信守诺言的意思,于是把小拇指定义为"守信指",意思是说到做到。无名指是戴结婚戒指的手指,是对人的一生有重要含义的手指。中指则是最长的手指，可以最先接触到物品，于是我们把它定义为"成长指"。

我向同学们讲述了最近几次因为手指引起的矛盾，启发大家思考如何在日常生活中正确地使用手势和手指。大拇指意味着点赞，我们可以经常对他人好的表现和行为竖起大拇指。食指的用处很多，但是如果用食指直指别人，会被认为是"指责""指指点点"，所以，我们在使用的时候要注意改变一下方向，食指向下一点。比如，排队的时候看到前面的同学排得不够整齐，可以用食指点一点对方的肩膀，示意他排进来，看到有同学在课堂上说话，可以在嘴边竖食指，用眼神友好地提醒他。竖中指是不礼貌的，所以我们每个人都要避免对别人做这个手势。小拇指最重承诺，我们要从小事做起，讲诚信，勾一勾，做一个有担当的好少年。

除了五指，我们还要恰当地使用手势。比如，当我们看到同学失落、伤心、懊悔时，可以轻轻地拍对方的肩膀，给对方鼓励。当我们想让别人走近自己的时候，要手心向下表示邀请，等等。

经过这样的正面引导，学生很快明白了各手指的用法，有文采的学生还编了《五指歌》，获得了全体学生的赞赏。

我们把《五指歌》贴在板报上，时时提醒大家。从那之后，班级里再也没有出现过因为手指引起的矛盾。

儿童对社会文化缺乏了解，教师观察到他们出现一些不当行为时，不应立即上去指责，而应该带领他们一起去区分不良文化和优秀文化，并在辨析中明确哪些行为是合适的，哪些行为是不合适的。通过点滴的小事，将学生塑造成有修养、有礼貌的人。

爱心鸟巢——帮助新生快速适应

一年级小学生开学时,总会出现这样的场景:学生在离开家长时嚎啕大哭,甚至踢打老师,想要挣脱老师的手;课间,总有学生因为小摩擦而动口、动手,调查原因时,他们又常垂下头,默默不语……

其实,换位思考,学生们反应剧烈也在情理之中。他们刚刚进入学校,还不适应集体生活,不知道应该怎样管理自己的行为和情绪,遇到问题不知道如何解决,有了情绪不知道如何表达。所以,这些行为与学生的品格无关。针对一年级学生好奇、好动、善模仿的特点,我想到了情景剧的办法。

我把课间的不愉快的情景拍下来,又和家长配合,抓拍学生在小公园、校园、游乐场、图书馆等地方兴高采烈时的真实行为表现,然后在班会上分享,请学生说说哪种样子的自己是可爱的、美好的、愉快的。然后,我表达了自己的愿望,希望他们在学校时也能和在公园时一样表现良好。

我设计了很多主题的情景剧。比如"周末时光、上学路上、学校门口、睡觉前后"四幕剧、"遇见最美的你"连续剧、解决摩擦情景剧……为学生们示范化解情绪和解决矛盾的方法。

堵不如疏。为了帮助学生随时将自己的情绪表达出来,我在教室一角开辟出一片园地，和学生们一起搭建了一个"爱心鸟巢"，欢迎学生随时把自己的想法画出来或者写出来，放进鸟巢。有了"爱心鸟巢"后，学生们就有了倾诉的"小窝"。他们的倾诉各种各样：有的画妈妈严厉批评自己不好好吃饭，有的画爸爸妈妈吵架时他的害怕，有的画与小朋友闹别扭时的难过，有的画没获奖时的失望……

"爱心鸟巢"里还有学生们天马行空的"瞎想"和讲述的好玩故事……

一年半来，"爱心鸟巢"成了学生们无话不谈、亲密无间的"知心朋友"，吐露心声、发泄情绪的"温暖小窝"，也成了我和学生的"信使"。我常常以简笔画配简单拼音文字的方式给孩子回应，悄悄地放到学生的铅笔盒里，有时也让家长转交回信，刺激学生们的好奇心，引导他们再表达。

这样一段时间后，学生的行为有了很大改观：上操认真多了，上课坐得住了，发生矛盾的情况少了，行为举止文明多了。

解决行为的问题的钥匙在情绪调节和疏导上，创设美好的教育，需要老师懂一点心理学。

向美之心——美德漂流瓶

我是北京市骨干教师，常参加市里的卓越工作室和研修班的学习，所以每周都要外出教研，一个星期总有一两天要在外面学习、交流或开会。这样，班里的学生需要极度的自觉。为了培养学生自觉遵守纪律的好习惯，我常常观察他们，发现表现好的学生就及时表扬。

几次下来，我发现这样做的效果不太好，因为有的学生，在老师在场和不在场时的表现是不一样的。怎样了解同学们的真实表现，让他们互相激励呢？

我们采用了"美德漂流瓶"的方式。

班级购买了透明的五角形漂流瓶，晶莹剔透，十分可爱，一面写着"传递美德，收获快乐"，另一面写着"德不孤，必有邻"。我们在瓶子里装入空白的美德表现记录单，每个星期班级选择三名同学作为观察员，记录自己看到的美好言行和美德故事。记录完后，就把漂流瓶传递给被记录的同学，给同学一个惊喜。就这样，发现美好的行为进行记录，不断传递。一周后，记录单写满了，就在下一周的班会上表扬，在壁报上展览，给家长发喜报。

漂流瓶活动有趣又有意义，负责记录的同学很负责任，他们认真观察哪个同学有值得记录的表现，比如，主动摆桌椅、擦黑板、助人为乐等。漂流瓶成了每一个同学期望得到的珍贵礼物。一位同学被另一位同学认可并得到漂流瓶时，都会开心不已。围观的同学也在无形中受到教育，在内心提醒自己要做品行好的学生。一位家长就曾经非常兴奋地跟我说："我们家孩子天天盼着得到德美漂流瓶，早晨催我早点送她到学校做值日，再也不会懒到不起床了。"

这项活动极大地激发了学生的向美之心，班风得到了改善，学生的行为有了很多改进，站队又快又安静，上课听得认真，下课活动文明有礼。学生有了发现美德的意识，践行美德的心愿，后半学期我出去教研的时候，已经完全不用担心班里会有同学故意捣乱了。

环保意识——在生活的点滴中形成

有一次外出实践活动，全班学生到郊区的白河去漂流。在漂流的过程中，同学们特别开心。上岸后，同学们兴高采烈地诉说着自己渡过险滩激流、超越周围的同学时的感受。忽然，有一个同学说："我通过照片发现在漂流的小溪边有很多垃圾。"我们向溪边看去，果然看到草丛中有一些空瓶子、包装纸等，水里也有不少。

我意识到这正是进行环保教育的良机。

"看到这样的情景我们应该做点什么？"学生说把它们捞上来。大家说干就干，准备好竹竿等工具，三人一组收集溪水边的垃圾。不一会儿，大家的袋子都收满了。在这个过程中，大家不仅积极地想办法把垃圾捞上来，还发明了很多新的方法打捞垃圾，这让同学们感觉到自己工作很有创意。最后，我把学生聚在一起，各小组把自己收集的垃圾摆成一行，评比哪个小组收得多，请他们汇报自己打捞垃圾的创意方法。

那一天，我们制定了一项新的班规——只要走出校园，无论到哪里，见到乱扔的垃圾都要随手收起来。后来，在重阳节登高的山路上，同学们就自觉地带着垃圾袋，一边登山一边收集垃圾。很多同学从山下收集到山上，再从山上收集到山下，小组之间开展各种比赛，相互赞美，感受到了做公益的美好。

  有一次，我们一起去科技馆参观。中午休息的时候，几个班的学生分别找了一块空地，高高兴兴地共进午餐。当其他的班离开的时候，我们班也集合了。这时候，我让他们观察周围的地面，同学们发现自己班的位置非常干净，就自豪地说我们班吃饭的地方最干净，但是别的班还有没收拾干净的地方。这个时候，我不失时机地问："其他班已经离开了，我们可不可以帮别的班收拾干净？"经过我的提醒，同学们马上就冲了过去，三下五除二就收拾干净了。旁边站岗的保安人员热情地鼓励他们说："你们是我见到的最优秀的班集体。"同学们受此鼓励，非常自豪。

  这样几次下来，同学们都形成了自觉的环保意识，每次春游或秋游的时候，都主动带上垃圾袋。

让共享单车排好队

一次班会上,我们评选本月的"五美之星",同学们经过平日里的观察,赞美了很多同学的进步,有的同学称赞别人在下课的时候主动做值日,有的同学称赞别人书写进步,有的同学称赞别人上课总是能够身体坐直、专心听讲……这时,有一个同学站起来,说要选林老师做"五美之星"。我问为什么,他说今天早晨在上学路上,他和爸爸看到我在路边扶起了倒在地上的共享单车,所以觉得我具有美德,应该被选为"五美之星",还说他爸爸早上称赞过林老师关心社会,有公德心,让他以后向林老师学习。

听到这些话,我很开心,教师要"学为人师,行为世范",所言不虚呀!同时,我也想到:在上学和放学的路上,好几个地段都有共享单车,这些共享单车有的倒在行人走路的地方,同学们经过时必须小心绕过去,非常不方便,有的甚至停在马路中央,严重阻塞了交通。面对这种现象,我应该引导孩子们做点什么。

我把这个现象抛给同学们讨论。我说:"大家都发现在我们的校门口停着各种不同颜色的共享单车。这些车本来是为我们提供方便的,可是因为乱放、歪倒的问题,却挡住了大家的路,你们对此有什么看法呢?"

同学们提出应该像老师那样扶起单车。为了安全,我追问:

"倒在马路上的共享单车,你们能去扶吗?"他们很快领会了我的用意:为了自身安全,马路上的共享单车不能去扶。如果停在人行道的车倒下了,挡住了大家道路,可以去试着扶起来。如果很重,可以两个人一起努力。

那天,班级开展了"让共享单车排好队"的活动。

放学时,学生一路走一路扶。第二天回来以后,大家都特别兴奋,纷纷跟我分享他们扶起了几辆,最多的一个同学居然扶起了八辆。我引导他们分析,当你在扶起车的时候,身边有路人经过吗?他们的眼神是什么样,说了什么?大家纷纷说得到了路人赞赏的眼神。

我鼓励他们,如果你们能够坚持下去,在各个方面都有这样的公德心,就能为社会做更大的贡献。你们的善行和美德会传递给很多人,他们看到你们的做法就会注意把车停到合适的位置,这样就能从根本上避免乱停乱放。你们自己也会获得快乐,会感觉到自己能做很多有用的事。

自那以后,放学路上主动摆齐共享单车成了学生的好习惯。班级壁报上经常表彰这些具有公德心、主动在校外做好事的学生。后来,就连家长也开始跟孩子一起摆放单车。看来,美好的行为是具有感染力的。

第五章
交往之美

人是社会性动物。人际交往是维护学生心理健康的重要途径，积极的人际交往可以带来愉悦的精神、饱满的情绪，对学生的心理稳定非常重要。

学生渴望真诚的友谊，但是由于各种原因，他们可能会在人际交往中遇到障碍，此时，就需要教师采用干预策略，引导学生及时走出心理困境。就像李镇西老师在《爱心与教育》中提出的："一个真诚的教育者同时必定是一位真诚的人道主义者。一个受孩子衷心爱戴的老师，一定是一位最富有人情味的老师。只有童心能够唤醒爱心，只有爱心能够滋润童心。"

在向美而育的"融创教育"实践中，我格外注意学生的心理问题、交往障碍，用自己的真诚帮助学生体验交往之美，让学生学会精神减压的方法，避免病态心理的发生。注重在班级中营造充满人情味的交流，以此为依托，让学生拥有良好的人际关系、开朗的性格、乐观的品质。这样，学生才能健康成长。

特殊的班会——从就事论事到教会沟通

在我生病住院期间,小浩的妈妈给我打电话,说小浩在班里屡遭欺负,她焦虑得已经一整天吃不下饭了。因为知道这位妈妈有焦虑症,于是我躺在病床上整整听她倾诉了50分钟。我知道此时的她已经不能正常思考,需要我的安慰。

出院的第一天,我就开了一个特殊的班会,请家委会的几位家长和矛盾双方的家长都到现场。然后让学生们如实说出当天发生的情况,让所有的家长客观地看到真实的情景。这样做的目的有三个,第一,让这位心理焦虑的家长看到自己孩子在班集体当中真实的情况,明白孩子被欺负的原因;第二,让其他家长看到老师是如何解决学生的矛盾的,怎样做到公平,怎样教会学生理性分析问题;第三,让全班同学学会解决矛盾的方法。

在调查过程中,所有同学都说,矛盾起源于一句话——因为小浩踢毽子总是踢不好,明明同学踢得非常好,明明就直接大声说:"我教你!"小浩听了很不舒服,也大声说:"不用你教!"明明觉得自己的好心被同学冷冷地回绝,非常愤怒,就抢小浩的毽子。后来每到课间小浩去踢毽子的时候,明明就有意无意地去影响他,从捣乱发展到两个人大打出手。事情就是这样一点点发酵起来的。

我让同学们分析原因。学生很快就总结出，是因为两个人说话的语气不好，本来大家没有恶意，但是因为语言生硬，使得事情走向了不好的方向，这说明，要想避免发生矛盾，应该多用敬语，比如"请、谢谢"等，别人听起来就不容易生气。

让学生自己找出问题的症结，不但可以培养孩子们分析问题的能力，也可以顺便使所有人都学会交往时的注意事项。

当然，作为班主任，我还要引领学生学会处理集体矛盾事件，而不是事不关己高高挂起。我追问："很多同学知道他俩发生矛盾的事情，为什么这几天却没有一个人去管？"

学生讨论后，认识到了同学发生矛盾，集体中的每一个人都有责任去帮助解决。我再让同学们思考：如果将来我们班再次发生这样的问题应该怎样解决？同学们说应该立下新的班规，约法三章。因为有了以上的认知，约法三章就有了新的角度。

第一，说话要文明，多用敬语。

第二，有不满，要积极沟通，不能动手打人。

第三，发现矛盾必须要主动劝解，不能围观或置之不理。

到此，似乎已经把班级的问题解决了，但实际上，要让学生真的去理解和认真执行，还远远不够，需要给学生树一个他们认可的精神榜样。于是，我给他们讲了祖逖的故事。祖逖在面对外族侵略，乡亲们有危险的时候，主动出钱出力，照顾弱者，保护乡亲们一起逃到南部，避开战乱。

讲完故事，我请同学们思考"祖逖流芳千古的原因"。同学们在交流中懂得，祖逖刻苦学习本领，胸怀天下，富有担当，从不会因为个人小事而计较。此时，小浩道出了真实的感受，他想自己战胜困难，不愿意让别人帮助，所以才生硬地拒绝对方，但是现在他认识到真正的勇敢应该是多为大家奉献力量，而不是出于自尊心去伤害他人的好意。明明看到小浩如此真诚地说出内心的话，也毫不掩饰地承认自己总觉得比别人聪明，对同学缺乏尊重，常常不太友好地指手划脚。此时，两位学生才真正冰释前嫌。

我在日常工作中非常重视捕捉学生的情感和情绪，并及时创造机会，消除学生在交往中的疑惑和难题。许多老师在解决学生矛盾的时候，往往停留在说理层面，似乎讲通道理，互相道个歉，教育就结束了。实际上这些道理不讲，高年级学生也明白，但是为什么受到教育后，他们常常再犯相同的错误，人际关系仍然非常紧张？那是因为教师解决矛盾时就事论事，没有从根本上教给他们沟通的艺术。

把学生的困惑当作自己生活中的困惑，遇到问题和麻烦时积极地想办法解决，切实与学生共情，帮助学生提升认知，就会达到良好的教育效果。

健康心理——我的情绪我做主

小春和宁宁都喜欢踢球、阅读，假期里还一起去游泳，可谓是非常非常好的朋友了。有一天，我们在教室里发刚刚考过的单元卷子，小春坐在宁宁前面，拿到卷子以后一看自己的分数是92，他想看看宁宁考多少，回头猛一看是99，再仔细看是66，原来看倒了。小春觉得很好笑，大声地说："哈哈，我还以为你考了99，结果是66啊！"宁宁一下子暴怒了，站起来猛拍一下桌子，对丁丁怒目圆睁，然后把卷子用力撕成了碎片，生气地走出了教室，周围的同学都被吓得目瞪口呆。

后来，宁宁要和小春绝交。我知道了这件事情，把宁宁叫到了一个安静的地方谈心，让他说说自己对这件事情的看法。宁宁觉得小春在嘲笑他，在很多人面前出他的丑，本来考的分数不好，心里就很烦闷，小春是自己的好朋友，却这样讥讽自己，就受不了了。

我想到应该让宁宁知道控制情绪的重要性，就从健康角度聊起。我提起他在上周体育课的球赛上拿到的分数是最多的，全班同学都特别欣赏他。宁宁想到当时同学们对他赞不绝口，也很开心。我问他觉得自己算不算一个具备健康素养的人，宁宁自豪地说："当然啦，你看我的肌肉是咱们班最发达的。"我微笑着拍拍他的肩膀，告诉他这是生理健康，这方面他真的很棒，但健康素养还包括心理和情绪健康、家庭和社交健康，这些方面他还有待提高。

这方面有问题的不仅是宁宁一个人，于是我们开展了一次主题为"我的情绪谁做主"的小辩论会。

辩论会上学生的发言太有趣啦，开始还信誓旦旦地强调自己的情绪自己作主的一方到后来居然和对方一起诉苦，说自己的情绪经常被妈妈搞坏：刚刚踢球挺开心，却被妈妈叫回家写作业，无可奈何；刚刚打游戏要赢了，被妈妈一把抢过去关掉，前功尽弃；自己最爱玩手机了，但是每次妈妈都会阻止……辩论会成了诉苦大会。

听完诉苦，我们看了一段视频。

哥伦比亚大学的一个硕士讲述玩手机的孩子和不玩手机的孩子的大脑活动图，这张图揭示了一个非常痛心的真相——经常玩手机的孩子大脑活跃程度完全比不上不玩手机的孩子。他曾经管理过一所美国的私立学校，亲自看到微软创始人比尔·盖茨和苹果的创始人乔布斯都完全不让孩子接触手机。沉迷手机不仅对眼睛不好，而且对大脑伤害巨大。孩子要在看得见、摸得到的现实世界中主动地去玩，去学习，哪怕是闯祸，都能在这些过程里获得眼、耳、口、鼻多维度的刺激，促进大脑的正常发育。但是如果沉溺手机，减少与现实世界的互动，上学之后就容易出现缺乏自主性、缺乏思维力和逻辑推理能力甚至没办法集中注意力的问题，而且一旦不能立刻满足，就心情沮丧，甚至情绪失控、焦虑。

学生有了以上认知，对妈妈干涉自己玩手机有了深度的认知，明白了"不是妈妈搞坏自己的情绪"，而是自己对世界的认识不全面，妈妈阻止自己玩手机游戏，恰恰是为了保护自己的生理和心理健康。

我给学生播放了讲述情绪的动画片。情绪是指一个人具有的感觉，如愤怒、快乐、恐惧、爱慕、悲伤和愁苦等，情绪是我们日常生活的组成部分。正是拥有了复杂的情绪感受，才使我们成为情感丰富的人。有时候情绪会给我们造成压力，这些压力是身体对日常生活需求的反应，许多人都会这样，在巨大的情绪压力下会口不择言，做一些错事，说一些让自己后悔莫及的话，这就是不健康的表达方式。情绪失控，可能会伤害人与人之间的感情，也会对自己的生理造成不良影响。

在交流时，宁宁承认自己当时就有些后悔了。我微笑着赞许他知错就改，说明还有很大的进步空间。同学们都明白了每个人有多种多样的情绪，人们的情绪表达方式各不相同，有些情绪是健康的，而有些则是不健康的。讨论后，我们总结出健康的情绪表达方式要遵循以下几点：要会识别自己情绪和情绪反应的原因，要能让自己冷静下来，要能借助朋友化解坏情绪。

最后，同学们总结了处理情绪的各种方法：愤怒时，可以直接告诉对方我很生气；感到受到伤害，可以找朋友诉说；感觉情绪失控，请尽快离开人群；情绪低沉时，可以去做一些自己喜欢的事情……

让孩子在"有为"中转变——释放学生的"小宇宙"

小豪在我们班可是"知名人士",刚一接班时,就有老师跟我说,他整天都没闲着的时候,总是会惹出很多麻烦。我悄悄观察他,发现他走路快,动作莽撞,说话也冲,经常引起同学的反感,与同学的小摩擦不断。面对他惹的麻烦,过去的老师们常常"急于出兵"而战后无果。我观察一段时间后,发现小豪虽然缺点很多,但是优点也很多,篮球打得好,足球也踢得好,时不时表现出一些小聪明,爱劳动,不怕脏,不怕累。

于是,我决定让他在发扬优点的过程中克服缺点。我拟定了一个计划,在班里建了两个篮球队,这样就需要两个队长,一个队长是威信很高的班长小东,另一个队长是小豪。这个方法的效果立竿见影,小豪当上了队长,感受到了老师和同学对自己的信任与重视,非常尽职尽责,课间忙着练球,超额的精力有地方释放了,欺负弱小同学的毛病也慢慢少了。

不过,在训练中,还是会有同学跟我抱怨小豪的一些鲁莽之处,我每次都静静地记下。我悄悄嘱咐班长:"你的职责就是帮助小豪成为我们班集体里受欢迎的同学,这会是他进步的契机,也会是你的一大功劳。"小东会心一笑:"您放心,我知道该怎么做了。"

过了一个星期,我把小豪叫到身边,把我的记录给他看,让他知道有多少个同学曾经向我告过他的状。当那些记录密密麻麻地出现在他眼前的时候,小豪低下了头。他以为我要撤掉他这个队长。我把小东叫过来,请他评议小豪带队训练的表现。小东说:"我觉得小豪很努力,他每天课间都牺牲休息时间,争分夺秒地帮助同学训练,还给同学指出问题,只是说话的时候不够温柔,我觉得他是很好的队长,可以继续承担队长的职责。"小豪抬起头,惊讶地看着小东,充满感激。

此时,我让小豪思考为什么大家对他这么多的意见,小豪说可能是自己太急躁了。

我指着我的记录问他:"如果我像你一样急躁,是不是早就把你撤掉了,如果你能像我一样忍耐一下自己的情绪,包容同学,就会被大家认可。记住,同样的话,用不同的语气说出来,是不一样的。"

他认真地说:"老师,我以后会努力按捺住自己的情绪,让自己的态度变得更加友善,您放心吧。"

过了一些时间,果然队员们对小豪的抱怨少了很多。我愉快地把小豪请来,让他分享"秘诀"。他总结了自己与同学交流的很多方法,比如,多用商量的口气,多用一些礼貌用语,少说话,多观察,等队友需要帮助的时候再指导,不直接冲上去指手划脚。我表扬了他的智慧,再问他:"与同学友好交流是什么感受?"小豪幸福地笑了,说感觉同学现在跟他亲近多了。学期末,全班同学选出的进步最大的学生当中,有了小豪的名字。

"融创教育"强调教师要善于把"小宇宙"还给学生。学生有了这个"小宇宙"才有可能恢复能动性，就像孙悟空，得有十万八千里的空间让他翻滚，要不筋斗云就没了用武之地，哪吒得有大海去让他施展，不然风火轮就没法显示威力。对小豪这样的孩子，给他一个广阔的、自由的空间，那就是篮球场，让他有机会去自由地交流，避免了与老师和学生在一个狭小的空间里"纠缠不休"，再适时引导，问题自然就被化解了。

尊重无价——满族学生可以抬起头

学到《我们神圣的国土》这一课的时候,同学热烈地谈论中国的国土面积,一个学生随口说,清朝太落后了,又割地又赔款,太窝囊了。同学们听到这个发言,纷纷说起了自己知道的清朝时期一些被欺侮的事情。洋洋突然转头对身边的同桌小宇说:"咦,你不是满族吗?就是你们统治的清朝最无能,让中国人受尽了屈辱。"小宇一脸委屈,周围的同学也都转过头来看着他,他脸红了,有些气愤又有些羞愧地低下头。

既然学生提到了这个问题,我需要认真对待。于是,我请同学们回去查阅清朝疆域方面的相关资料,采访家里的人,我们将在课上增加一个讨论。

过了两天,学生们收集了很多资料。我让他们选取最有力的证据,简要说明。

学生惊奇地发现,清代皇帝一直都积极进取,第一次派兵实现了中原王朝进驻西藏,对西藏的控制力达到前所未有的水平。左宗棠收复了新疆,康熙皇帝收复了台湾,三征噶尔丹,乾隆时候灭准噶尔部,采取联姻、结盟、分化、弱化、征伐、歼灭等多种手段,将蒙古高原治理得非常好。

还有学生发言,清朝的皇帝大都勤奋学习,愿意建功立业。

清朝末期，因为种种原因，错过了工业发展的时机，造成国家落后，被人欺负，割地赔款，但这也不是他们愿意看到的。

我及时总结："我们不应该片面地看待一个朝代或者一个民族，应该多角度观察。清朝有自己的历史局限性，但也一直有积极进取的一面。以后，我们再发表观点的时候，要认真地去查阅资料，理性判断，不能盲从。小宇是满族人，是中华民族的一分子，他个人是对以前的历史进程没有责任的。你们应该对小宇说点什么呢？"

学生马上说："小宇，你可以抬起头啦。只要你自己努力学习、增长本领就是好样的。我们熟知的老舍先生就是满族人，大家都很敬重他。"

我补充说："小宇，你可以堂堂正正地抬起头，满族有很多优秀的人物，比如八路军政委关向英、著名抗日将领佟麟阁、京剧艺术大师程砚秋、书法家启功，他们都值得敬仰，民族没有高低贵贱之分，每个民族的人都为国家做出过贡献。你是哪一个民族并不重要，只要自己努力学习、待人友善，将来能为可爱的中国尽一份力，就应该得到尊重。"

最后，我请同学们把道德与法治课本翻到后面一课，齐读一下题目：《中华民族一家亲》。

我国是一个多民族国家，因此当看到两个学生因民族历史话题发生矛盾时，不可以忽视，反而可以顺势开展民族团结教育，培养民族团结意识。教师应该站到国家层面，善于把学生的矛盾化作教育资源，以鲜活的形式融入教学中，让学生内心的困惑得到解答，感受到每一个民族的伟大和团结一致的美好，自然而然地形成国家认同。

学会安慰——借助阅读学会接纳失败

小北在比赛中失利，非常沮丧，整天闷闷不乐。我了解到情况之后，想到马上就要学习四年级上册的第六单元了，这一单元有《一只窝囊的大老虎》这篇课文，主人公与小北的经历相似，而且在单元练习口语交际中，还有"学会安慰"这一项训练。不如结合课内外阅读，帮助学生理解生活中有不如意是正常的，要懂得接纳不如意，用积极的心态面对生活，也帮助学生学会安慰别人。

学习《一只窝囊的大老虎》这一课后，我请学生尝试安慰课文中表演窝囊的"我"。

学生1：一次表演失败没关系，下次努力演好就行了。

学生2：你看看动画片里的老虎是怎么跳的，多学一学就会了。

学生3：不擅长表演没关系，也许自己画画好、弹琴好呢，可以展示自己擅长的。

学生4：同学嘲笑你是不对的，不用跟他们计较。

小北：我想有些时候努力也不一定能够取胜，光有信心也没用。

我见小北还是没有从沮丧中走出来，并没有得到安慰，于是出示了一份新的阅读材料《佐贺的超级阿嬷》。

《佐贺的超级阿嬷》讲述的是第二次世界大战的后期，广岛原子弹爆炸后，小主人公德永昭广的父亲只身"回广岛看看"，却因受核辐射而死去。因无力抚养，母亲只好将年仅八岁的昭广寄养在佐贺乡下的阿嬷家。阿嬷独特的生活智慧和视角使昭广很是惊讶，慢慢地，昭广对阿嬷的态度在不知不觉中发生着变化，他不光爱上了阿嬷，也对阿嬷坚强乐观的态度十分敬仰。通过德永昭广刚到农村生活时的不知所措、迷茫到对人生的逐渐理解，我们看到了他的心灵成长轨迹。

读完之后，我请同学们与书中的昭广和他的阿嬷的生活对比，谈谈自己的感受。同学们一方面觉得昭广的生活太苦了，一方面感叹阿嬷面对苦难非常乐观，总有神奇而层出不穷的生活绝招，用各种方法安慰昭广，把一切不幸都化为了幸福和快乐。

我趁热打铁，请学生谈谈生活中再看到为失败难过的人，可以怎样安慰。

学生1：你的一次失败比起德永昭广的艰苦生活，实在算不上什么，别难过了。

学生2：德永昭广想学游泳可是没有泳裤，他想买一条泳裤，可他的阿嬷告诉他游泳靠的不是泳裤，而是实力。我们呢，想要什么运动装备父母都给买，面对失败，我们应该多反思自己，如何提高实力，光垂头丧气是没用的。

学生3：加油吧，像阿嬷一样，无论遇到什么困难都积极地想办法去解决，而不是怨天尤人。

学生学会了借助阅读的积累安慰别人，我又推荐《雾都孤儿》，希望能够帮助学生筑造强大的内心世界，因为昭广还有个可敬的阿嬷照顾他、抚养他，而小奥利弗·特威斯特遇到的艰难困苦可就更多了。

半个月后，我们开展了阅读交流。

学生1：读完《雾都孤儿》，我觉得自己的生活太优越了，衣来伸手，饭来张口，什么事都要依赖父母。我犯了错误，总爱推卸责任，看到小奥利弗·特威斯特的生活，我很惭愧。

学生2：我考试成绩不理想，怪试卷太难；跟同学闹矛盾，就认为是同学在和自己作对……任何事是父母包办，畏惧困难。

学生3：我觉得我们的生活太顺利，所以一丁点儿困难都认为很大很大，我要多想想小奥利弗·特威斯特，多想想佐贺的超级阿嬷。

我有意识地把目光扫过小北，说："在一次次受辱、一次次挨打中，小奥利弗并没有向肮脏丑陋的社会低头，而是勇于抗争，他瘦弱的身躯下藏着坚毅纯洁的心灵，我从他的身上感受到了强大的力量。我们的生活安全幸福，却往往因为一次小小的比赛失败或成绩下滑而不能自拔，这是多么软弱！我们真的应该好好反思自己。"

小北认真地听着，似有所悟。下课后，我单独跟他交流，发现他的确走出了沮丧，放下了失败的包袱。

学生往往不能认识到失败、挫折是生活的一部分，不能适应失败给自己带来的不良情绪，更看不到在失败和挫折当中蕴藏着让自己成长的因素。把心理问题与语文作业相融合,把教学设计与阅读相融合,让学生认识到失败和挫折的价值,是一条很好的解决路径。本案例通过《一只窝囊的大老虎》《佐贺的超级阿嬷》《雾都孤儿》三次阅读,引领学生深度思考,给学生更多的角度去观察生活当中的失败,去理解苦难,把它们作为一面面镜子,反照自己的内心,在对比交流和思维碰撞中,思考失败的价值,认识到这些都是自己成长的营养。

真诚道歉——为了一个鄙夷的眼神

老师们是否有过这样的经历——自己精心备课,设计好精彩的环节,准备和学生快乐探索,胸有成竹地走进课堂,却被学生突发的矛盾搞得兴趣全无?

其实换一种思维想一想,学生发生的矛盾恰恰是亟待解决的问题,如果无视学生的矛盾,继续以教学流程为重,不能灵活应对,轻则学生不会专心听讲,重则埋下矛盾的种子,不知什么时候会发酵成难以解决的大问题。

一次,我们在道德与法治课上讲爱国主义,学生谈到中国有一个绰号"基建狂魔",我让他们分组讲述中国在国外建设的杰出建筑工程,然后联系自己的实际情况,谈学习后的感受。

这时,班里的借读生丹丹说:"我看到中国建设的这些奇迹,很自豪。我在假期和爸爸妈妈驾车出去旅游,在云南、四川、贵州的山中穿行,亲眼看到高架桥从这座山钻进那座山,更神奇的是从山腰钻进山里,出来的时候已经到了山顶,车子就在'山的心脏'里盘旋上升,我感觉自己像孙悟空钻进了铁扇公主的肚子里。这样的隧道实在让我震撼!我想以后也成为一名杰出的建筑学家,为世界留下美丽的建筑。"

就在这时,坐在旁边的同桌铭铭却鄙夷地看了她一眼,轻轻地发出了一声轻蔑的笑声,这引起了丹丹的愤怒,当她转头去看同桌的时候,愤怒的眼神瞬间变得有一点羞涩,然后垂头丧气地坐下,眼中冒出委屈的泪水。我知道铭铭数学优秀,是一个小学霸,而丹丹学习成绩并不好,那个鄙夷的眼神和不由自主的轻蔑笑声是因为铭铭内心根本不相信丹丹的理想能够实现。

看到丹丹低垂的头,我觉得这事不能就这样过去,我的"无视"也许会造成严重的后果,击垮丹丹对学习的最后一点自信,同时也可能会让恃才傲物的铭铭更加傲慢,于是我改变教学计划,重点处理这件事。

"同学们,你们知道丹丹的老家是河北邯郸吧?有同学听说过关于邯郸的一些故事或者人物吗?"

学生1:我妈妈的老家在邯郸的西北郊区,我听姥姥说那里是战国名将赵奢的出生地。

学生2:我们都学过"秦始皇统一中国",秦始皇就是邯郸人。

学生3:我知道邯郸是国家历史文化名城,有3100年的建城史。

我说:"你们的课外阅读真丰富!了解这么多邯郸的历史。你们听说过一个最近很时髦的名词——海绵城市吗?"

学生无人能够回答。

"海绵城市就是可以抗洪防涝的城市,现在许多国家都在建设。但是你们知道吗,在2500年前,邯郸市广府古城就已经成为了海绵城市,广府古城从未发生过水患,是当之无愧的海绵古城。"

随后,我们一起百度邯郸是怎么做到的:广府古城的四个角修建了四个水池，占城市面积的七分之一，城市的中心最高，四周低，这个坡度跟我们现在设计的排水的最佳坡度是一致的，而这是在2500年以前没有任何现代科技的情况下建成的。城市中所有的住家院子里不能铺石头，要铺能够透气透水的砖。另外，街道非常有特色，中间凹两边高，凹处有排水，这样雨水会顺着路的中间往外流，而不是从周围房屋边缘往外流，不会损伤房屋的根基。

我问大家对邯郸有什么看法。

学生1：我觉得这里的人很有智慧！在两千多年前就能建造这么棒的城市，不可思议。

学生2：听爸爸说过秦始皇的丰功伟绩，我们现在能生活在统一、富强的中国，都应该感谢他。

我微笑着对丹丹说："你的家乡是个伟大的地方，你是这块神奇的土地上的后人，不能小看自己，要努力勤奋，发扬优点，为家乡争光。"

丹丹备受鼓舞。

我又对铭铭说："你的数学一向优秀，是大家羡慕的小学霸。孟子说'君子莫大乎与人为善'，你如果能做到关爱他人，善待他人，就是个德才兼备的优秀学生了！"

铭铭低下了头。

下课后，铭铭主动向丹丹道了歉。我听说后赞赏铭铭真诚道歉的行为。

"融创教育"中的一个重要观点就是：以帮助学生解决当下困

惑为教育的圆心，把一切学生的问题甚至学生间发生的矛盾通过巧妙的设计，作为教育资源与教育活动进行融合，为学生的成长助力。因此，学生的问题，永远应该是教师关注的头等大事。这节课把学生的矛盾与课堂教学内容融合，通过对邯郸市广府古城的介绍，既帮助丹丹摆脱自卑，重树自信，今后能够更快乐地参与到学习中，也帮助铭铭改变了错误认知，同时也完成了教学任务，让全班学生了解到了中华文化的伟大，从而产生对国家进步的认同。

教师在课堂上不应该急着赶路，只盯着教学任务，而应该关注身边的"风景"——学生的矛盾，并及时智慧处理。

国画——交往要懂得留白

李亦非乐于助人，也十分热情，但是那团热情的火似乎总是要把对方烧焦，让别人透不过气来。作为组长，春游的时候，各个小组自己设计参观游览的路线，他让所有的组员都必须全都听他的，甚至从哪个门进，从哪个门出，他都强行安排好，谁不听他都会很生气。在参观的过程中，学生要完成学习单，他又要求所有的人都像他一样写，谁不照做，他会脾气火暴，一顿批评。但是在路上，哪一个同学不小心受了伤，他会赶快拿出创可贴给对方贴好，真诚地帮助对方，甚至帮别人背书包、打温水，小小的身影又让人觉得很温暖。

那天，因为小组朗诵比赛，他又跟全组同学发生了争执——他让全组同学都必须同意他的设计方案，还逼着他最要好的两个伙伴一定要把他的设计方案选为最佳方案。比赛结束，他们小组成绩不太好，他和两个好伙伴也发生了争执。我把他叫到身边，询问他跟同学之间的交往出了什么问题，他说不出来，但觉得自己一心为大家，出了很多力，却不被理解，心里很委屈。

我拿出事先准备好的两幅画让他看。一幅是油画，整个画框中都是满满的颜色，一幅是清雅的国画山水。我让他选择哪幅画让人舒服一些。他端详了一会儿，说国画。我问他为什么，他还是说不出来。上课了,我把两幅画放在黑板上,又让同学们去分析。同学们各抒己见,最后达成共识:油画把所有的颜色厚厚地涂上去,让观看的人觉得太堵,太满了,没有遐想的空间,没有自由感。而国画寥寥几笔,没有画很多东西,却显得通透、灵动、自由,给欣赏者留下了很多空间,让欣赏者有良好的体验。

我通过展示班级中学生交往的事例,请全班学生思考:我们跟朋友交往,是希望传递给对方油画的感受还是国画的感受呢?学生很聪明,很快就感悟到了,应该学习国画,在同伴交往中多让他人发表看法,了解他人的心愿,不断地探索人与人交往的最佳距离,还应该在交往中给对方留下自由发挥的空间,就像国画中的留白,让对方感受到自由和温暖,允许对方发表不同的见解,而不能自己包办代替,剥夺对方的权利,让对方觉得憋屈。

在中国传统文化中,无论音乐还是绘画,无论园林设计还是人际关系,都善于留白。一幅国画,给了同学们直观的启发,之后,学生们都懂得了要在交往中倾听别人,尊重对方,这样才能收获更多朋友。当然,李亦非同学是其中改变最大的那个。

同理心——交往的智慧

菲菲和馨诺很要好，平时经常在一起玩，可是今天她们两个人发生了争执，谁也不理谁了，班级的气氛都受到了影响。于是我把她们叫到一起，询问原因。菲菲告诉我："今天在体育课上的50米接力赛中，馨诺摔倒受伤了，我把她送去医务室，还劝她半天，可她一直哭，我越劝她越哭。最后竟然跟我大吵大闹起来，我觉得我的好心全都白搭了，很委屈，不想再理她了。"馨诺低着头，一直不说话。于是，我单独留下馨诺了解情况，这才知道原因是她们在交流当中没有掌握好方法。

我在课堂上开了一个微班会。我把"倾听"两个字写在了黑板上，让同学们说一说平时是怎么倾听别人说话的，有过哪些不愉快的经历。同学们分享了不少故事。我发现，很多同学并不了解倾听的真正意义，于是便让他们欣赏了一段《玩具总动员》中的片段。故事情节是这样的：大象看到好朋友送给他的玩具被推土机推到了悬崖下面，再也找不回来了，于是坐在地上哭，伤心极了。这时一个朋友为了让他开心，在他面前又跳又蹦，又做鬼脸，想让他忘掉伤心的事，可大象还是无动于衷。这个朋友一看效果不好，又出了第二招，请大象一起去找火车站，开启新的快乐旅程——他想的是让大象转移注意力，可依然没有效果。这时，另一个朋友走到大象的身边,小声说:"你的玩具一定很珍贵。"大象边哭边点头,讲述着送给他玩具的好朋友的故事和那些美好的时光。这个朋友就坐在身边静静地听着。当大象说完之后,他又拍拍大象的手臂说:"你一定很伤心。"这位朋友用理解的眼神望着大象。大象终于张开手抱着他大声痛哭。过了一会儿,大象擦了擦眼泪说:"我好多了,咱们继续走吧。"大象的情绪恢复了。这时,旁边那个无计可施的伙伴吃惊地询问原因:"你是怎么让大象开心的?"

我请同学们结合自己的经历仔细体会,进行分析。最终,学生都明白了,当朋友非常伤心、痛苦的时候,他最想要的不是解决办法,而是倾听的伙伴。这个倾听的伙伴要有同理心,能够感同身受。我告诉同学们,人类的大脑中有一种叫镜像神经元的组织,它是让人产生同理心的重要生物基础。我们与人交往的时候,不要觉得一味地照顾对方,想办法帮助他解决问题,就一定会获得理解和友谊。有些时候不是这样的,当同学伤心、痛苦的时候,他首先需要的不是解决问题的方法,而是一颗感同身受的温暖心灵。这种同理心是真正能够抚平他伤痕的良药,是促进友谊的营养素。不懂这一点就会适得其反,影响友谊。

课后,馨诺告诉菲菲,比赛前,她在家里每晚练习跑步,想跑出好成绩,不给组里扯后腿,可她的努力全白费了。她当时并不想去医务室处理伤口,她是在为没有给组里争光而哭泣。菲菲终于明白了,当时她劝馨诺的话根本不是馨诺想要的。事情说开了,她们相互道歉后又和好了。菲菲的妈妈感激地和我聊起这件事,她说老师及时细心的引导不仅教会了孩子,家长也很受益。

同理心,是人与人交往的重要元素,有必要在小学阶段就以生动的方式教给孩子们,这会帮助孩子们的成长之路更加顺畅。

消解校园欺凌——向传统文化寻求力量

新接到一个班,这个班的班风有点问题,有七八个孩子结成了小群体,总是去欺负两三个孤单的孩子。我曾经亲眼看到他们在操场的角落里,把一个孩子推倒,向他的身上拳打脚踢,然后还哄笑着说在跟他玩游戏。被推倒的学生哭不得,笑不得,不敢急,不敢恼。这种情况必须要干预,因为很有可能会发展为校园暴力。

解决孩子之间的问题,还得结合他们感兴趣的东西寻找灵感。那几天,我发现很多学生在收集各种龙卡,便有了好办法。

班会上,我先给孩子们讲了祖逖、包拯等正义人士的故事,还让学生观看纪录片,了解时事新闻中见义勇为的故事。

之后,我出示中国图腾——龙,请学生说一说为什么中国人都喜欢龙。学生们学过语文课本上的相关知识,都知道龙汇集了所有动物的优点,能力超凡,无所不能。我顺势告诉学生,我们每一个人身上都有优点,都可能成为一条本领超群的"小飞龙"——但是要想做到这一点,就要不断地学习同学们身上的优点,克服自己身上的缺点。

接下来,我给同学们留出三分钟,请他们思考一下自己有哪些优点和缺点,但是不必说出来。这样做的用意是引导学生学会自我反思。小学生其实已经对大部分的道德规范有了初步的认知，也具备了很好的自我反思能力和自我教育能力。老师也要在日常教育中注意留白，不能一味灌输道理。我相信，孩子们一定在这三分钟里敏锐地找到了自己的优点和缺点。这也为接下来的活动做好了铺垫。

俗话说，"龙生九子，各有不同"。我继续讲述龙文化。"龙子跟你们一样，各有不同，其中有两条龙最优秀，一个叫'狴犴'，又名'宪章'，它最有正义感，象征正气和法律；另一个叫'椒图'，最有爱心，经常在庭院大门上方，保护一家人的平安。它们一个负责伸张正义，一个负责保护他人。今天把这些讲给大家听，就是希望你们都能够像他们一样有正义感，有爱心，成为祖逖那样爱国爱民的人。现在，我们还是小学生，对爱国爱民理解起来可能有点抽象，但是我们可以先从爱身边的人，爱自己的同学和老师开始。"

之后，我宣布从今天开始开展"正义小狴犴"和"爱心小椒图"评选活动，活动名称叫"中华小飞龙"。这样的名称富有童趣，学生很愿意参与。为了增加仪式感，我请学生根据这两条龙的性格特点设计两个图案，做成印章。同学们上网查了很多相关的资料，画出了备选图案，大家从中选出最满意的，再请篆刻小组的同学，按照最佳图案刻出了图章，当作LOGO。

接下来，我特意让那几个总爱欺负同学的学生来负责监督，鼓励他们学习包青天，做一身正气的好孩子。这几个学生兴高采烈地答应了。

每一次班会，同学们都把发生在自己身边的表现正风正气的小故事讲给大家听，被表扬的学生会获得两个印章作为表彰记录。

这些感人的真实故事感染着学生的心灵，慢慢地，班风发生了转变。那个小团伙，也在一天天的活动中转变了，从欺负人的群体变成了帮助人的小群体，还得了很多印章。

当然，与家长的沟通也必不可少。我借助外力，让家长理解孩子从小欺负其他的同学，并不是占了便宜，从长远看，反而会害了孩子，因为这种歪风邪气会让孩子分不清善恶，也会失去很多朋友。在达成共识之后，家长们也特别支持，及时正确引导。

班级开展爱心周记的活动，同学们每周都认真观察身边同学的困难，主动做一件表达爱心、传递温暖的事，并记录下来。在记录过程中，学生不断端正自己的认知，形成了正确的价值观。尤其是那些本身就非常有爱心的同学，当他们声情并茂地朗读自己的周记时，就是学生与学生之间极好的情感沟通之时。

作为教师，我们及时发现校园欺凌现象的苗头，并采用恰当的方法进行引导，才能有效避免欺凌现象演变成恶性事件。本次活动设计灵感来自优秀传统文化，既解决了班级问题，又使学生更加了解传统文化，可谓一举两得。

温暖的教室，友善的交往，正义的行为，不断相互传递正能量，就会给孩子们打好与人相处的底色。

健康交往——远离物质刺激

涵涵在书法比赛中得了海淀区一等奖,他的好朋友送给他一个精美的笔记本,但是很显然这个礼物并没有让涵涵多么开心,他随后就扔在了桌上。

这再次唤起了我脑海中那个大大的问号:现在的学生物质条件优越,被刺激的"阈值"也越来越高,究竟怎样的鼓励才能真正打动他们的心,怎样的赞美才能让友谊充满力量?

此前,四年级上册的道德与法治课上,我带领学生们一起制定新学期的班规,讨论到奖惩方式的时候,学生们提出:可以奖励小铅笔、小橡皮,也可以奖励巧克力、饼干、日记本等。听到同学们提出的这些奖励方式,我担心物质奖励会让他们忽视真正有价值的情感。真诚的支持和鼓励决不是物质能替代的,深厚的友谊更需要心灵的慰藉。作为老师,我深深地知道,在学生的成长过程中,表扬是巧克力,可以给孩子无限的甜蜜,但是不能多给,吃多了会"上火"。鼓励才是五谷杂粮,正确的鼓励方式才能给孩子真正的营养。物质刺激多了,会"上瘾",甚至会让学生忘记进步本身的意义。

许多同事也反映,一年级的时候奖励学生铅笔、橡皮,他们会很高兴,等到五六年级,即使奖励一个大书包也难以让物质极大丰富、生活条件优越的学生感动了。有些爸爸妈妈甚至拿 iPad 作为进步的奖励，也只不过让孩子高兴一两个月，新鲜劲儿一过，学习的动力又没了。

为了引导学生体验伙伴间健康交往的方式，我给学生留了口头作业：回家去采访爸爸妈妈成长过程当中给他们留下最深印象的鼓励方式是什么，最能支持他们克服困难的能量是怎样获得的，把采访到的鼓励方式、奖励方式记录下来。

学生在课上交流了采访结果，发现奖励是多种多样的。

- 我妈妈说，她小时候每次有进步，外婆就带她去书店看半天书，然后选一本回来，她特别开心，印象最深。从此妈妈爱上了阅读。
- 我奶奶小的时候有进步，她的妈妈就带她去赶一次集。在集市上，奶奶可以挑选自己想吃的菜，和妈妈一起做饭。她至今还念着妈妈的味道呢。
- 我爷爷喜欢爬山，奖励我的方式就是带我去爬山。每一次攀登到高峰就拍照片贴在我的卧室墙上。爷爷告诉我这叫作"山外有山，楼外有楼，不断超越，创造奇迹人生"。
- 我爸爸最难忘的一次奖励就是他考上了重点高中时，全家去登泰山。爷爷亲自带他一步一步登上泰山。在山顶上，爸爸感受到了"会当凌绝顶，一览众山小"。在那里，他找到了自己的生活目标，树立了自己的理想。

……

交流后学生懂得：真正用心去鼓励对方，才是更有价值的交往方式。这种支持会产生更持久的动力，促使自己克服困难。经过这次活动，学生的思路顿时开阔起来。

他们设计的奖惩制度，百花齐放，各具特色。

- 作业写得好、字迹工整、全部正确的学生，可以在班级圈里公开展示作业图片。
- 可以奖励进步大的同学和老师合一次影或者跟老师拥抱一次。
- 如果为学校争得了很高的荣誉，可以和校长合影或共进午餐。
- 热爱集体、为集体无私奉献的学生可以参加升旗仪式演讲，或者做升旗手。
- 爱护公物、举止文明、有特殊才能的学生可以得到一次机会，在学校橱窗展示自己的故事或作品。
- 可以在学校大门外的大屏幕上播放那些总是关心他人、帮助他人的同学的故事，弘扬他们的美德。

最让学生们喜欢的特色表彰方式是"聚会"。小型的聚会可以在图书馆里，老师和受到表彰的学生一起午间共读；也可以在班级里，学生和老师一起讲故事，或在礼堂里给大家演出课本剧等。大型的聚会，一般选在周末，老师和家长一起陪伴学生参加爬山活动、游园活动、参观活动等。在此过程当中，大家会玩各种有趣的游戏。这样通过努力进步获得的快乐聚会，在学生的童年留下了美好的记忆。

教育过程中的奖励方式是一门学问，要随着时代的变化改变。现在人们的物质生活已经比较丰富，教师应该根据班级学生的特点，设计一些富有仪式感、趣味感的奖励。这样的奖励更受学生欢迎，同时也可以引导学生超越物质刺激，有益学生成长，有益社会发展。

打开心扉——问卷照出根本问题

陈树的性格极其内向,整天待在角落里,看别人的眼神都是躲躲闪闪的。可是跟他一年级时的班主任交流,得知陈树在一年级的时候并不是这样的,那时的他爱说爱笑,还爱给老师唱歌。听到这些,我凭直觉判断孩子的家庭教育有一些问题,因为此前和家长交流的过程中,我发现很多人的教育存在问题:家长作风浓,总是对孩子用命令、指导的语气,居高临下,不是指责就是批评。这会在很大程度上影响孩子健康的心理成长。

我决定做一次面向父母的问卷调查。

在家长会上,我给家长们发放了一张问卷,请他们把符合自己家庭情况的选项打钩。

父母问卷(括号内是相关行为的危害)

1. 下班回家看不得孩子快乐,只有见到孩子满脸认真,一直做思考状,才觉得孩子在学习的路上,心里才踏实。(忽视孩子的天性,扭曲孩子的健康心态。)

2. 对孩子抱怨比较多。看到孩子成绩不好就说"要不是照顾你,我早就升职了……""为了给你交课外班的费用,我都半年没买衣服了,可你却……"(给孩子不该承受的心理压力,促生自卑心理。）

3. 鼓励少，永远对分数不满意。看到考90分，问为什么没得100分，看到考100分，又怕孩子骄傲自满。（让考试慢慢变成孩子的噩梦，孩子产生厌学情绪。）

4. 为了让孩子专注学习而把家务都包办，只要求学习好就行。（容易导致孩子懒惰、贪婪，不懂感恩，只会索取。）

5. 孩子回家说不喜欢哪个老师，家长立刻就站到老师那边批评孩子，孩子一说在学校里跟同学的关系不好，就立刻要求孩子宽容和大度。（不懂换位思考，不去体会孩子的真实感受，孩子感受不到父母的爱。）

6. 亲戚的孩子来到家里玩，看上了孩子的玩具，就立刻要求自己的孩子"孔融让梨"。（让孩子认为自己无足轻重，孩子长大易形成讨好型人格，无法获得幸福。）

7. 出游时，孩子偷偷给你买了一杯奶茶，想给你个惊喜，你却说30多块钱，你喝吧，我喝水就行了。（总用高尚的节俭行为扫孩子的兴致，让孩子认为自己总不对，不愿再沟通。）

8. 把"我都是为你好"挂在嘴上，不知道这句话是有毒的。（心理学把它称作"深层次的控制"，以爱的名义去支配孩子，是毁掉孩子健康人格的一把锋利的刀，会砍掉孩子的自信和判断力。）

9. 家长认为自己一吹号角，孩子就得往上冲。报了课外班、报了比赛，孩子就要拼命努力。（完全忽视孩子的心理需求，培养出的孩子只想逃离父母，待人冷漠。）

10. "你看我小的时候，作文总满分。你看人家的孩子怎么字写得那么好？"（功利的比较让孩子感受到父母只爱自己的面子，并不爱孩子本人，孩子容易产生嫉妒心理，长大容易攻击社会。）

完成问卷后,家长们的反馈证明:家庭中确实存在许多错误的观念和做法,并且没有被家长意识到。

我用一些真实的案例分析让家长感悟不正确的引导、评价和不正确的交流方式会对孩子产生严重影响,甚至会扭曲孩子的性格。在真实的数据和案例面前,家长受到了很大的震撼,写出了很多感人的话,很多家长都愿意积极调整自己的心态和方法。

陈树生日那一天,我特意让他的妈妈录了表扬孩子的视频,在班里放给全班同学看。孩子的妈妈热情地讲述了陈树在家里每天浇花、喂鱼,还清洗鱼缸。邻居阿姨出差时,把小狗托付给陈树帮助代养五天,陈树照顾得非常周到,十分有爱心。还讲述了奶奶生病后,陈树轻步走路,给奶奶端茶端粥,细心呵护。看到全班同学都对自己竖起大拇指,陈树的自信心得到很大提升,开心地笑了。

妈妈改变以后,陈树有了明显的变化。他慢慢地自信起来,身边的小伙伴也多了,还主动到操场和同学踢足球。正常的交往和同学的友谊让陈树恢复了开朗的性格。

一张问卷照出家长在教育中的一些不良心态。教师要善于利用多样的方式促使家长反省、提升。家长在小学阶段是孩子的天和地,但不要把自己当作孩子的拯救者,而是要用心去体会孩子的需求,平等地看待孩子,允许孩子慢一点,允许孩子出错,允许挫折和失败。

有效沟通——让愉悦成为主旋律

一位家长向我抱怨,自己全身心地对待孩子,连工作都放弃了,可是孩子现在越来越不愿意说话,对自己很冷淡,不懂得感恩,亲子关系出现了问题。

深入交流之后,我发现这位家长与孩子沟通的方式存在问题。细细观察,这位学生跟同学交往也出现了问题,对同学不友好,上课也不专心。原来,妈妈和他的交流通常是以这样的话开启的:"你的成绩超过学习委员了吗?""你上课为什么不能全听会,在学校就把作业都写完,你看人家谁谁谁,多会抓紧时间……"不仅如此,在每天送孩子上学的路上,妈妈也从来不会安静,而是不停地叮嘱孩子上课别走神,别玩东西,要努力、刻苦,孩子十分反感。

想要让亲子沟通有效,最重要的是确保沟通在积极愉悦的情绪中进行。调整这位妈妈的教育行为,首先要从语言开始。

我告诉这位妈妈,要做好两件事情:"常问一句"和"多看一眼"。"常问一句"就是每天问一问孩子"今天上课有什么开心的事啊?"或者"你上课提什么好问题了吗?"——千万不要觉得这个方法幼稚,多次的重复就会在孩子幼小的心田中形成认知。当然,对孩子提出的问题,家长可能觉得并不高明,但是,智慧的家长必须要认识到，孩子年龄小，幼稚是肯定的，家长一定要及时肯定孩子好学好问的习惯，这才是关键。

另外，促进亲子沟通的方法还有问孩子"老师今天讲了什么呀？快给爸爸妈妈讲一讲，爸爸妈妈很想知道你又学会了什么"。孩子讲出什么内容并不重要，重要的是，家长要学会提出开放性的问题，并且认真倾听，目光要表示赞许，还可以不时向孩子请教一下自己没有听明白的地方。这样，孩子就会很有成就感，心情愉悦，第二天更加认真听讲，因为他会希望第二天给父母讲得更清楚。家长再忙碌，也千万不要忘了第二天坚持请教，然后夸赞孩子比第一天讲得更明白。经常这样，不仅锻炼了孩子的表达能力，增强了孩子的自信心，更重要的是有了亲子沟通的话题，加强了相互了解，增进了感情。

"多看一眼"也很重要。我提醒家长要在孩子放学的时候多看一眼，用心观察，读懂孩子的情绪。比如孩子说"老师今天说我本应考95分以上，可是因为疏忽成绩退步了，我觉得很羞愧"或者"今天上课我总举手，老师没叫我，我不喜欢这个老师"。看到孩子的负面情绪，家长一定要重视，既不能过于敷衍，也不能随意附和，而是要主动跟老师沟通。

有时候学生会因为自己举手，老师没有叫自己回答而向父母抱怨。这时教师不要生气，要理解孩子愿意学习的心情，更要理解家长的担忧。我曾经遇到此类情况，就当着孩子的面跟家长坦诚解释："因为当天有一个一直不举手的女孩终于小心翼翼地举手了，所以我多叫了那个女孩几次，还表扬了她。您的儿子思维能力和发言状况都很优秀，我就把后来较难的问题留给了他，因为老师要考虑所有的学生。如果只关注表现积极的学生，班里慢慢会两极分化,那样只能就着低水平的学生教学,优秀的学生就会更吃亏了。这还要请您理解。"

经过坦诚的交流,那位家长和孩子都理解了,孩子从这个过程中也学会了坦诚交流。现在孩子已经毕业很久了,我和那位家长也成了好朋友。这样的沟通可以让学生学会与人交流的方式:理智、平和、善解人意,做一个宽容的人,将来的人际关系会更好。

亲子沟通一定要让愉悦成为主旋律,远离抱怨、批评、指责。

言传身教——真诚道歉培养健康人格

六年级下学期，马上就要毕业了，许多学生带来毕业留言簿，相互留下赠言。小青追上我，递给我一张留言活页纸，因为急着去会议室开会，我接过来答应写完后再给她。

等我回到办公室，不知怎么回事，那张留言活页纸丢了。因为当时有好几件关于毕业的事情要布置，这件事就忘了。过了几天，我发现小青见到我，不愿意理我，转头走开，眼神分明不大对，于是我就直接单独找到她，才明白是因为毕业留言的事，我一阵后悔，挺不好意思，赶紧道歉。

看到小青的眼神并没有因为我的道歉而转变，我想必须及时补救，等毕业就来不及了。同时，我也想让她学会理解他人，学会得理时也要"饶恕他人"。

我拉着她的手认真地说明我的工作，让她知道老师的工作不仅是讲课、判作业。现在老师每天的工作有很多都和教学无关，但是必须抓紧去做。比如，每天早晨要开窗通风，每天晚上要给班里消毒；班里有生病的学生，必须第一时间在健康平台上填报，说明情况；每学期都会有多次的校级、区级、市级的科研单位和师范大学发的各种调查问卷要限时填完；每学期要带学生检查身体、做龋齿预防、检查视力；要带学生定期做消防演习；要经常带实习生或者校内的青年教师，给他们听课，帮他们备课，课后还要评课；每学期学校会有各种大型活动，都要开会布置，分工完成。除此之外，每周还要有区级教研、市级教研，完成教研任务，撰写论文。这些工作占据了老师大量的精力。我真诚地让小青同学看我的科研资料，在电脑上看我正在做的几件事情，还有我记在日历上的密密麻麻的工作任务。然后，我认真地看着小青说："老师也是人，不是神仙，也会生病，也会遇到家里有事而情绪不好的时候，更会有忘记事情的时候，尤其是毕业班，各种事务都很紧急，所以请你理解，请你原谅。"

如此郑重地展示各种工作资料之后，我再次向小青道歉，她终于原谅我了。她快乐地跑回班，又给我补了一张活页纸，我想了想，在上面端正地写道："今天你原谅了老师，让老师看到了你的友善与宽容。这是珍贵的美德！它会让你将来获得更多的幸福与快乐。"

言传身教，做错事要道歉，这是我们默认的共识。通过这个小事件，我理解到了道歉必须要真诚，同时，也在学生心里埋下了"得理要饶人"的种子。

子衿变了——同学的拥抱很重要

早上,子衿的爸爸说子衿不想来上学了,坐在沙发上默默地掉眼泪,家长好好劝导也不行,大声指责也不行,她就是不想上学。

我和子衿单独聊天,慢慢缓解她的情绪,才弄明白是课后体育班的教练太严厉,她很害怕,不敢与老师交流,于是就不想来上学了。

我向子衿的爸爸细致地了解家庭里的情况,发现一些问题。子衿的妈妈性格急躁,平时特别爱大声催促孩子"你快点、快点,不然迟到了""你快点写作业,抓紧时间"。一旦不能让她满意,她就情绪暴躁,大声呵斥孩子,时间久了,孩子缺乏安全感,与别人交往时胆小懦弱,因为害怕冲突,所以就躲避交流。

我认真地跟子衿的父母长谈了一次,让家长明白:孩子现在内心没有存在感,常喜欢一个人待着,跟谁都懒得讲话,这是父母情绪暴躁造成的伤害,父母要马上改变与孩子的交流方式。父母也意识到问题的严重性,主动答应配合。

我们达成共识:父母每一天要找孩子身上的一个优点去鼓励,帮助子衿重新恢复健康心态。鼓励的话不能空泛,要真实而亲切。我教会他们运用描述性、启发性、感谢性等鼓励方式,争取早些修复亲子关系。

我们和子衿一家一起约法三章，谁在家里没控制住发脾气，都要跟对方道歉，接受处罚——十个俯卧撑或者运动十分钟等，让孩子看到，谁犯了错都要承担责任。另外，请父母和孩子每天做一件大家都爱做的事情，比如抱着孩子讲故事，陪孩子一起看电影等。再有就是每天回到家三个人都要主动分享自己的见闻或身边发生的快乐的事。我也单独和子衿的教练交流，请教练多关注子衿，和她说话时注意语气，一起帮助孩子。

班里还有几个像子衿一样的学生。为了帮助压力大的孩子释放情绪，我们在班规里加入一条规则：看到同学不开心要主动握握手或拥抱。通过一些简单的小故事，让学生懂得拥抱是最温暖的肢体接触，也是释放情绪的好办法。

一个学期里，我不间断地干预，不断提醒家长坚持修炼自己，我也在子衿有进步时，主动拥抱她，真诚地赞美她。子衿有了明显的变化，在训练时能和教练主动请教，在班级中也有了几个好朋友。她告诉我，不开心时，同学的拥抱对她很重要。

子衿毕业时，我叮嘱家长："我们一定要记住，爱孩子并非如我所愿，而是要如她所是。家长好好学习，孩子就会天天向上。"家长经过这件事也明白了，只有自己持续成长，才有更适宜的方法和足够的能力引领自己的孩子。

教师引领父母改变是教育学生的最佳途径之一，教给家长一些具体的策略和做法，是非常有必要的。

批评需要善后——不损害师生关系的批评

排队一直是班里的一个难题，总是排不直，行走途中常有学生说话，尤其是上课铃声响后，学生从班级中拿上书本、用品出来站队时，总有几个同学慢慢腾腾。

有一天，学生要去上音乐课，我发现欣欣和浩浩在教室里东张西望，一点不着急，体育队长催促也不见效。我把他们两个人留了下来，心里却在自我提醒：以前也严厉批评过他们，但是作用不大，今天需要转变方式。

我先跟他们谈起了下个月我们班负责升旗的事，请他们思考什么样的学生才能当升旗手。两个学生看我没有批评他们排队的事情，就放松了。他们想了想，说只有进步大的学生和优秀的学生才能当升旗手，因为当升旗手是一种光荣。我称赞他们想法好，接着请他们帮我制定评价标准。他们知道国旗是烈士的鲜血染成的，建议升旗手也应该像那些革命英雄一样，具有坚定意志，那些不断克服困难的同学才有资格去升旗，所以评价标准应该是：学习中挑战难题，作业高标准完成，纪律优秀，热爱集体，愿意为集体牺牲个人利益。我边听他们说，边不住地点头赞同。他俩见我一直赞赏他们，也很高兴。

在这种宽松的氛围中，我静静地看着他俩问："那么你们两个人能被大家选为升旗手吗?"两个同学沉默了。我鼓励他们说:"你俩上课发言和作业都有进步,为什么一个小小的站队就不能稍稍加快一下步伐?"

欣欣想了想说是因为懒。我说:"如果真的是因为懒,那你们会坐在椅子上不动,而今天我看到的是你们站在教室里,不着急走,东张西望。这似乎不是懒。"

欣欣又想了一会儿,说是因为散漫,不遵守纪律。我让他们对比:如果是去玩自己喜欢的游戏,会慢慢腾腾吗?假设今天有球赛,你是主力队员,会慢慢腾腾吗?最终他们明白了,是因为自己太自私了。我赞赏他们找到了真正的根源,又继续说:"自己喜欢的事情就抓紧做,对他人有利的事情就不着急,这是不尊重他人的表现。如果总是不尊重同学就很难有真正的好朋友。"

看来他们已经认识到错误了,但他们还是很紧张,跟我比较疏远。我知道最好的沟通应该在愉悦的氛围中结束,应该让他们感受到自己依然被老师喜欢和欣赏。

于是我顺手拿起桌上的字词本,惊喜地夸赞:"浩浩写的字真好看,欣欣,你看这个'海'写得多漂亮,你的字太大,愿意跟浩浩学学吗?浩浩,你愿意教教欣欣吗?我相信欣欣认真学,在下课前一定能写出几个漂亮的字。"这两个同学原本以为我今天的重点就是批评他们,现在发现其中一个同学的字被老师表扬,气氛已经改变,马上兴奋地开始练字。浩浩认真地讲解,还自豪地告诉我他从小就练习书法。我告诉他我相信他各方面都会像书法一样优秀,还用激将法激他:如果十分钟内能教欣欣写出五个漂亮的字,那么我就原谅他们今天的错误。

两个同学高高兴兴地在桌子上认真交流起来。十分钟后,欣欣果然写出五个漂亮的字。我开心地说我原谅他们了，他们也保证以后站队抓紧时间。不仅如此，两个人还主动要求为班集体擦地，算自己给自己的惩罚。

看着他们愉快地擦地，快乐地惩罚自己，我心里很欣慰。

两个学生擦完地后，我们三人约定好暗语：以后他们站队如果慢了，我把右拳举过头顶，他们看到就迅速站好队。他们理解我这样做是为了减少当众对他们的批评，师生的心贴近了。以后排队时，他们虽然偶尔还会慢，但是只要我把右拳举起，用期待的目光看着他们的时候，他们总是能迅速归队。

批评是教育中常用的手段，但是让批评对事不对人，不损害师生关系，需要更多的智慧。批评要凸显关怀，传递温暖和信任。

建立友谊——刀锋一样的眼神变软了

在班级中建立良好的人际关系是很重要的,有的学生不善于与人交往,往往会给自己的生活造成很多困惑,最终影响学习。

那年,乐乐到了我的班中,看到他的第一眼,我就觉得心里一阵酸楚——他的眼神像刀锋一样,充满冷漠、孤独和挑衅,隐藏着恐惧和自卑。果然,一段时间后,我看到乐乐经常和小伙伴们打架,在班级里总是不开心。

我在内心对自己说:一定要以关爱之心来触动他的心弦,让他找到知心小伙伴,收获真挚的友谊。

一天,我发现萧栋喜欢看《福尔摩斯》,乐乐也感兴趣,于是便自掏腰包,送给乐乐一套《福尔摩斯》,还鼓励萧栋和他一起交流阅读感受。因为有了共同的话题,萧栋便自然而然地和乐乐一起玩了,同学们也经常和他们围到一起讲述福尔摩斯的破案过程,热火朝天的争论成了班中一景,大家迅速接纳了乐乐。在此过程中,乐乐感受到了与同学交流带来的快乐。

后来,我们开了三场"福尔摩斯故事会",让萧栋和乐乐主讲。为了准备故事会,两个小伙伴又一起讨论内容和演讲方式,交流更多了。渐渐地,大家都发现了乐乐的优点,乐乐也感受到了集体生活的美好。

通过近一年的努力,乐乐逐渐端正了态度,各方面都有比较明显的转变。日常行为表现好转,与同学相处融洽了,能主动参加各种有益的集体活动,更重要的是,他还主动和父母沟通,亲子关系好转了。

一年后,乐乐那刀锋一样的眼神不见了,取而代之的是充满信心的笑容。

学生之间的差异是很大的,有的学生有较好的交往天赋,有的学生则在这方面缺乏能力。教师发现这一点后,有必要给予个别引导,使他们在小学阶段就养成良好的社会交往能力。

阅读传记——让学生看清自己

班里有个数学很优秀的学生叫小博。因为学习轻松,他在课堂上总觉得无事可做,于是便经常随便讲话,破坏纪律,还得意洋洋地嘲讽同学笨。因此,他慢慢地在班里没有了朋友。我一直在思索,如何让他学会尊重他人,与同学友善交往。

有一次,他帮我为班里的电脑杀毒,一个游戏界面跳出来,上面是项羽,他随口说:"我喜欢项羽,所向无敌!"我心头一亮,过了几天拿来一本《项羽传》,对他说:"课上的数学题你全会做,干脆利用数学课,把这本书看完,我们一起打擂台。看看谁发现项羽的优点多。怎么样?"他觉得很好,就答应了。仅仅一个星期,他就看完了。

他列出的优点是:1.讲义气,为兄弟报仇;2.力大无穷,武艺高强;3.善良,抓住刘邦的父亲,不杀;4.看到士兵受苦,心疼;5.勇敢,不怕困难。

我说:"找到很多呀,我还发现他不说空话,很诚信。人长得帅,是大家的偶像。有志向,肯于奋斗。看来项羽的确是一个很优秀的人才。可是我就不明白,他有这么多的优点为什么最后却输惨了?"

小博看了看我,想了想,没说出什么。我知道他喜欢向难题挑战,他妈妈曾说过,"简单的题他不屑一顾,一遇到难题他就特别愿意钻研"。我笑着说:"这是一道难题,给你几天时间,你再找一找他失败的原因,好吗?"他高兴地说:"好吧,我再看一遍。"我在私下里又请她的妈妈在合适时给予孩子点拨,帮助我端正他的认识。

过了几天,我主动找到小博说:"我们两个人,各自在手心中写出项羽失败的原因,看看是不是一样的认识。"他觉得很有趣,立即写了起来。我手心中写的是"不会用人",他手心中写的是"刚愎自用"。我夸他很有自己独到的见解,让他谈谈项羽失败的原因。他兴奋地说:"项羽什么仗都自己打,觉得有自己参加战斗就不会失败,觉得自己是战神,是可以顶得上千军万马的。"我点点头又说:"对呀,因此他不太善于发现人才,以自己为中心,所以不能接受别人的建议。可是刘邦就会把身边人所有的优点发掘出来,善于与人相处和欣赏别人,于是大家都喜欢帮助他。自然得到了天下。"

说完我看着他,笑着说:"你有一点像项羽,他武艺高强,你学艺高强,勇敢担当,不怕困难,内心坚毅,智力超群!多好的先天条件啊,许多人在这些方面都不如你,但是,你却很少有好朋友,是不是犯了项羽的错呢?"他低下了头。我拍拍他的肩膀说:"我希望你学习刘邦,去欣赏别人,尊重别人,与人和睦相处,这样你将来就比项羽还棒!"

那次谈话之后,我发现他的眼神都变了,盛气凌人少了,平易近人多了。

第六章
文化之美

中华文明是世界上唯一没有中断的古老文明，它承载着五千年孕育的美德和智慧，是向美而育的"融创教育"中重要的内容。《麦田里的守望者》中有一个词语给我留下了很深的印象——守望。教育不是管，也不是不管，在管与不管之间，有一种姿态叫"守望"。就教育而言，教师不妨拉进一个新的守望者——优秀传统文化。

融合优秀传统文化资源，借助创意生动的活动，让学生感受传统文化之美，懂得文化是一个国家持久发展的不竭动力。教育学生从自己做起，将优秀传统文化内化于心、外化于行，树立文化自信，是我们每位站在教室里的教师义不容辞的责任。

二十四节气——绕不开的文化课

二十四节气凝聚着中华民族的智慧，是中国孩子绕不开的文化课。用什么样的方式让学生认识二十四节气呢？深思熟虑之后，我决定把每个节气的探索活动分为固定项目和可变项目：固定项目是了解节气的相关知识，从网上查阅相关节气的饮食和特色习俗；可变项目则是结合本班情况捕捉教育契机，调动各种资源，创设特色教育活动。

立春时，我们请同学们"做春天的代言人"，收集春天的诗词，在班级中展示，进行诗词赏析，并结合美术课进行了"为春天的诗配画"活动，还带着学生动手做春幡，让学生亲自给妹妹、妈妈戴在头上。

芒种时，我们开展了送花神的活动。首先观看电视剧《红楼梦》中大观园里送花神的片段。同学们看到了姑娘们在花园中把自己做的小船、小马送给各路花神，看到各种漂亮的小彩旗、精致的小马车挂在一棵棵花树上，兴奋地讨论起为什么要在鲜花谢去的时候举行送花神的仪式，从中感受到了中国古人感恩自然的情怀。当时，语文课正在学人物描写，我们让学生一边观看电视剧中挂春幡的喜庆场面，一边描述每一个姑娘在送花神时的动作、神态，体会不同人物的特点，巧妙地完成了语文学习。接着，我们组织播种活动,让同学们切身体会到了"芒种"的含义。

清明时,我们开展了系列项目学习,带着学生去烈士陵园扫墓、踏青,亲手制作风筝。在风筝比赛的过程中,学生了解到风筝上的图案比如小燕子、鲤鱼等,代表着古代人对美好生活的追求。最后,我们围坐在草坪上,讨论一个学生提出的问题:为什么清明节在非常哀痛的祭祖扫墓的活动之后,又要举办游山、踏青、放风筝这样欢快的活动?学生在亲自体验后有了结论:我们在祭奠先辈或者英烈的时候,感受到的悲痛往往在心中凝结,春天正是万物复苏、生机勃勃的时候,于是古人为了缓解悲痛,看到希望,又经常去踏青,这就把人们的情绪引向了未来,让人们从哀思中解脱出来。

"原来古人是心理治疗大师啊,他们用这种巧妙的活动设计,让人们治疗心理上的哀痛。"学生们赞叹道。

二十四节气的体验活动给学生带来了很多启发。春分秋分的立蛋实验让学生了解了天文知识与二十四节气的关系,冬至的创意饺子启发了学生的创新精神……

类似二十四节气这样珍贵的优秀传统文化是教育活动中不竭的源泉,智慧的教师要善于开发。

重阳登山——学科融合的实践活动

重阳节这一天,我们特别设计了以登山实践活动为载体的充满创意的多学科融合实践活动,力图以鲜活的创意打开学习的天地,帮助学生减负、增趣、提效。

学生们全部到齐后,体育老师在晨曦中,在碧绿的草地上,教他们打太极拳。花草的芬芳夹杂在不时吹拂的清凉山风中,令人神清气爽。这样设计的目的,一是传播太极拳传统文化,二是作为登山的热身活动。打完拳,老师问学生:"在这里打太极拳与在学校操场上打太极拳有什么不同感受?"顺着这个问题思考,学生明白了,道教倡导人与自然和谐共处,所以道观一般建在云雾缭绕、郁郁葱葱的山林中,太极拳自然也更适合在山间林下打。接着,体育老师演示并讲解了上山和下山走台阶时保护膝盖的方法。学生掌握之后,就分组快乐地向山顶出发了。

到了登山的台阶处,学生拿到了来自数学老师的学习单,要求在登山过程中完成三个小题:1.估算自己多长时间爬到山顶。2.估算长城上砖的重量是自己书包的多少倍。3.估算红军翻越的雪山高度是这座山的多少倍。这正是小学数学中"估算"要学习的内容。学生体验登山后,都累得筋疲力尽,此时再思考红军长征与自己登山各种条件的对比后,纷纷说:"红军可真不容易啊!

吃不饱，穿不暖，还要爬雪山呢。""长征真的是奇迹！红军战士真是太伟大了！"

美术学科的任务是叶画"多彩重阳"——收集自己喜欢的落叶进行创意。有了各种形状的树叶，学生很快拼出了孔融让梨、闻鸡起舞等经典画面，大家相互欣赏，相互学习。

在山顶，语文老师请学生们一起大声诵读重阳节的古诗。这跟在教室里读诗可太不一样了！即使平时不那么喜爱语文学习的孩子，也兴奋地加入了诵读的队伍。孩子们诵读的声音在山顶上传得远远的——"遥知兄弟登高处，遍插茱萸少一人""停车坐爱枫林晚，霜叶红于二月花"。在这样的情境中诵读，古老的诗歌又重新活起来了。诗句已经不是书中的文字，而变为学生真实的感悟，学生诵读时格外有感觉。

下山了，道德与法治教师请学生思考"古人为什么要在重阳节登山？"学生们有了鲜活的体验，和家长一起思考、感悟，探索优秀传统文化的深厚内涵，纷纷发言，再也不像在平时的课堂上那么沉默，那么无话可说了。

重阳登高，天人合一。这次活动，使得学生对传统文化的理解超越了知识记诵，亲身的实践使他们对祖国的传统文化有了更深的认知，体育活动、语文活动、数学活动巧妙地嵌入其中，学生在真实的情境中学习、体验，也体会到了学习的快乐和价值。

了解民族图腾——龙

学习完《意蕴隽永的汉字》这一课，一个学生说："为什么中国人那么喜欢龙？我觉得龙没有小白兔可爱，我是属兔的，最喜欢兔子。"许多学生也随之附和。我觉得这是学生认知上真实存在的问题，也是一个很好的教育契机，于是开展了教学研究活动——"龙的魅力"。

第一阶段是以"网络专题调查"学习为主的探究学习。以"龙的魅力在哪里"为题让学生去收集相关资料，形成对龙初步的认知。然后，学生们根据自己的兴趣组合成小组，设立几个小课题——"龙的图腾""龙的前世今生""龙的神话故事""龙的九子""龙床、龙椅、龙袍""龙的节日""龙的诗歌"等。随着探索不断深入，学生对龙的知识越来越感兴趣，提的问题也越来越深入。为什么龙的九子各有各的才能？为什么龙能集那么多动物的特点于一身呢？这些有深度的问题成为学生进一步研究的重点。

第二阶段，师生一起去拓展更广的资源，提出新的解决方案：周末到博物馆参观，感受图腾文化；找有学问的长辈访谈，了解中国古人的生活方式。交流讨论中，学生的发言质量非常高。

学生1：龙的形象是有变化的，最初线条简单圆润，后来威武复杂，我猜想也许是因为中华大地上自然灾害太多，人们给予龙图腾的期待不一样了。

学生2：龙把各种动物的优点融合在一起，也体现了中华民族的生活方式"集合、群居、相互依存、乐于团结"，因此中华民族一直追求统一。

学生3：近代中国经历百年屈辱，从未失去勇气。直到今天，在各种灾害面前，中华民族也是不屈不挠，不畏强敌，励精图治，这也是龙的精神。

学生4：我们每天书写的汉字中储存着我们的民族文化。文字不仅是我们学习的工具，更是连接我们与文化的纽带，是我们民族精神的凝聚。

在这样的学习中，学生对龙的认知更加丰富了，也增添了对龙文化的喜爱之情。

第三阶段是创意展示学习成果。为了把自己在学习中的收获展示出来，我们决定制作一副"龙文化"扑克牌，可以收藏，可以游戏。对于扑克牌的设计，学生给了很多建议。比如，有人提议第一张牌应该是统一中国的秦始皇，袍是黑色的，扑克牌也可以设计成黑色。有人提议应该把"龙的神话故事""龙的九子""龙床、龙椅、龙袍""龙的诗歌"都收集进去，普及龙的知识。各种各样的想法不断激发学生的灵感。

当学生自己设计的"龙文化扑克牌"发到每个人手中时，他们都爱不释手，课间愉快地玩扑克。从此以后，龙文化在大家的心里再也不陌生了。

传统游戏——抖空竹的多重魅力

游戏是儿童的天性。游戏富有趣味,既可以锻炼身体,也可以促进大脑发育,更能促进学生之间的交往。然而,时至今日,传统游戏在校园里很少见到了。

一次聊天时,学生说他在练习马术,马术是发达国家的文化,也是西方贵族钟爱的,他觉得马术很优雅,乒乓球很土,一点美感都没有。

这次聊天刺激了我。在我的童年时代,大家玩的都是踢毽子、抖空竹、滚铁环这样的游戏,现在的孩子几乎接触不到它们了,而且认为传统体育运动"土"。其实,传统体育运动是个宝藏,以抖空竹为例,它可以很好地提升学生的注意力,有效促进学习效率。想到就去做,我马上在班级开展了抖空竹活动。

空竹的魅力很快就征服了孩子们。每周一次训练,学生兴致盎然,聚在一起跟教练认真学习,圆圆的空竹在细细的绳子上上下翻飞,学生调动多种器官,专心练习。为了第一个掌握新动作,他们听讲时特别认真,练习时更加专注。学生要体会细细的绳子怎样接住从高空中坠落的空竹,动作稍有偏差不行,用劲儿的方向歪一点不行,抖动的力度大一点也不行。在一次次尝试中,大家的能力不断提升,每学会一种技巧,都激动得欢蹦乱跳。大家主动研究，不断切磋，不断进步。通过定期比赛，我们评出了十佳选手，还在班级圈展开挑战赛，带动许多家长主动跟孩子学起来。有的学生主动在手机上学习空竹舞蹈，踩着音乐的节奏自己排练动作。在班级圈中，学生亲眼看到抖空竹运动与舞蹈的完美结合，惊叹不已。

学生1：经过两年的训练，我觉得自己的马虎现象少了，数学成绩提升了。

学生2：奶奶带我去公园跟他们玩踢花毽子，也很有趣，我还在那里跟一位老爷爷学习了抖空竹的新技巧，几位老爷爷玩的"蚂蚁上树"太棒了！

学生3：抖空竹激起我对传统运动、传统游戏的好奇心，我现在还学会了玩"欻拐"呢。

我们一起总结了中国传统运动的共同特色：方便，随处都能玩；省钱，材料都是生活中很容易找到的东西；很环保，不像高尔夫球那样需要很大面积的草坪，破坏环境；不对抗，不会对人造成伤害；都需要不断地磨练自己，不断提升技巧；不仅美感十足，而且不追求超越他人，更倾向于战胜自己。

学生在日记中写道：

过去很羡慕同学能学习西方那种很贵的运动项目：马术、冰球、芭蕾舞，觉这些都很"高大上"，自己没学就有自卑感。这两年学习了抖空竹，我不再这样想了。运动的目的是提升自己的修养，强健身体，让自己更加愉快。中国的传统运动应该由我们继承，我现在抖空竹和踢毽子都很棒，我觉得很自豪！这些运动让我平时随时可以下楼玩，不用爸爸妈妈送我到很远的地方，省时省力。随着音乐自由编排抖空竹的动作，我感受到创意的乐趣，每当按照节奏自由发挥时，都能受到小区居民的夸赞，让我获得很多快乐！我喜欢中国的传统运动。

家长也发现了抖空竹的多重魅力。孩子不仅增添了一项兴趣爱好，在当年的期末考试卷子上，审题错误、计算错误与一年之前对比明显减少。看来抖空竹对于提升学生的注意力确实有帮助。这真是太好了！

抖空竹需要眼、脑、手、腿等多种器官的整体配合，需要注意力高度集中。把传统的抖空竹活动融入注意力训练中，既锻炼了身体，缓解了家长对孩子注意力差的焦虑，也发扬了我们的传统文化。学生真切体验到了传统游戏之美，也感受到了其中蕴藏着的民族智慧。在抖空竹的训练中，教师给予学生积极的心理暗示，也有效提升了学生的自信。

有教师曾经觉得我们班开展这么多活动太耽误时间，我认为恰恰相反。在希腊文中，"学校"一词的意思就是闲暇。在希腊人看来，学生必须有充裕的时间体验和沉思，才能自由地发展其心智能力。卢梭说："误用光阴比虚掷光阴损失更大，教育错了的儿童比未受教育的儿童离智慧更远。"今天许多家长和老师唯恐孩子虚度光阴，驱赶孩子做无穷无尽的功课，不给他们留出一点儿玩耍的时间，自以为这就是尽了做家长的责任。想一想，什么叫虚度？如果满足天性的要求就算虚度，那就让学生虚度好了，成长需要"虚度"——如果没有这些虚度，我们的传统游戏又如何传承呢？

少年长征行——传承革命精神

小升初之前,学生们的情绪很复杂,有些欣喜,有些期待,有些茫然,有些不知所措,甚至有些担忧,各种各样的情绪在不同的学生身上呈现,让班级中多了一份躁动不安。六年级是学生发展的关键期,更是转折期,我想,需要帮助他们排解一下情绪。

我打算在班里组织一次革命文化实践活动,让学生从中获取力量。

活动之前,我用丰富的视频资料向同学们展示了革命先贤在中国共产党建党之前遇到的迷茫。那时候的中国,军阀混战,经济极度落后,人们面临着饥饿与贫困,不知道往哪里走才能够过上幸福、平安、有尊严的生活。革命先贤在那段时间里不停地尝试探索,屡遭失败。但是,中国人不屈不挠的精神从未消失。1921年,在浙江嘉兴的红船上,中国共产党成立了。从此,中国人民找到了正确的方向,不断创造着一个又一个奇迹,经过38年艰苦卓绝的奋斗,新中国成立了。学生被革命先贤李大钊等人的故事深深打动,也悟出了面对困难和挑战时,一定不能裹足不前,而是要努力寻找方向,并坚定地走下去。

革命精神是中华民族精神中最重要的一股力量。讲完这段历史之后,我告诉学生,其实人生也是如此,每一个时期走向下一个时期，都会有彷徨、茫然、担忧的情绪，这是很正常的，关键是要鼓起勇气，用智慧和行动战胜面前的困难。

理解、认同这一点之后，我和孩子们一起设计了一个活动——"少年长征行"，这是毕业前夕化蝶少年节的最后一站。学生需要在大山中攀越高峰，徒步行走1万米崎岖不平的山路。在行军过程中，我们设计了革命精神小知识趣味抢答活动；以小组为单位，设计本组的特色旗帜；边行军边进行红歌挑战赛，培养学生的团结意识。

洪亮的红歌回响在山谷中，所有参加活动的人都情不自禁地跟着一起唱。那些充满力量的歌词所流露出来的革命精神感染着每一个学生，滋养着每一个少年的骨气、志气和底气。当我们在林间小憩时，同学们还玩起了创意有趣的游戏：众人挖水渠，比比谁最快；快板鼓士气，看看谁最牛……各种模仿长征的活动让学生"士气倍增"。

最后，我们到达了无名英雄纪念碑，在广场上，用最真诚的心唱《没有共产党就没有新中国》。嘹亮的歌声、豪迈的精神既表达了对烈士的感恩，也是对烈士精神的传承。唱完歌，学生们用自己在山间采的野花做成花环和花束，敬献在无名英雄纪念碑前。

在他们深深鞠躬的那一刻，中华民族不屈不挠、自强不息的精神和坚强的革命意志播撒在每一个少年的心中，相信这份宝贵的精神财富会永远陪伴他们，去面对未来的艰辛和人生的挑战，相信这股让中华民族走出苦难的伟大力量，会引领他们获得幸福圆满的人生。

午间拼图——橘子皮引发的创意

一天中午，学生们吃完午饭，开始享受甜美的柑橘。午睡前，我发现好几个同学的桌子下面有橘子皮。让他们清理过后，第二天再发橘子，又有同学桌子下面出现橘子皮，值日生还因此跟同学发生了争执。

我想应该让小干部借此真实的问题去寻找更好的解决方案，提高管理能力。于是，我开了小干部培训会，请他们讨论创意解决办法。结果，他们经过几轮讨论都没有想出方案。我启发他们，要让坏事变好事，以美好行为来化解矛盾，建议从传统文化中去汲取美好的因素，以创意活动解决难题。经过我的提示，大家决定饭后让同学们在桌子上用橘子皮来拼画配诗，一方面可以表达传统文化，另一方面乱扔橘子皮的问题也可以被自然化解。

活动一经公布，同学们觉得非常有趣，他们在吃橘子的时候就开始讨论橘子皮怎样拼了。饭后，同学们把橘子皮认真地摆在桌上，观察形状，小心切割，不断修改完善。不一会儿，有的同学摆出高山峡谷，配上了《红军不怕远征难》；有的同学摆出了一棵高大的树，配上了《咏柳》；有的同学拼出了一枝花，配上了"一枝红杏出墙来"；还有的同学用橘子皮里外不同的颜色拼出了"大漠孤烟直，长河落日圆"……一张张橘子皮拼画栩栩如生。整个中午，同学们都兴致勃勃，不断交流，相互欣赏，创意无限。

第二天吃香蕉，同学们又有了创新，几个人合作拼出了中国地图，几十个省份拼得惟妙惟肖。后来，每次吃橘子、香蕉的时候，学生们就绽开笑脸，心中充满期待，一吃完就开始设计各种不同的图案，不断有令人惊艳的优秀作品呈现。我拿相机拍过之后，他们还舍不得扔。

从那以后，中午的水果皮成了宝贝，再也没有学生随意扔到地上了。经常有学生拼出了绝美的作品，小心地收到卷子夹中，回家拼给爸爸妈妈看。

水果宴成了学生们的创意赛，学生们不仅用各种香蕉皮、橘子皮拼画，就连牛奶盒的吸管都成了他们创意的素材。有一次，几个学生居然用彩笔把一些牛奶盒的吸管涂上黑色，剪成长短不一的材料，拼出了精美的太极图。还有的同学用牛奶盒的吸管搭出了各种亭台楼阁，起了各种好听的名字："临江望月""登鹳雀楼"。

就这样，从平面拼图到立体建筑，学生们开动脑筋，兴致勃勃地开展起"果皮废品DIY"。许多学生在课外主动查阅诗词，构思创意新的果皮拼图。

在欢乐的创意活动中，传统文化滋养着学生们的情趣，唯美的诗词激发着学生们创作的灵感，至于果皮垃圾的问题，早已经化解于无形。

神奇汉字——有灵魂的符号

汉字是中华传统文化中的瑰宝，其中蕴藏着我们的民族文化基因，汉字文化值得教师和学生一起挖掘。

在教学中，学生认识汉字的时候，教师经常会从甲骨文入手，让学生去感受汉字的历史。我曾经让学生观赏过甲骨文字的动画片，用最直观的画面启发学生的想象。课上，我们把一些同类的文字放在一起，启发学生思考，培养学生的思维能力。比如，借助偏旁相同的文字：炙、烧、烤和蒸、煮等，引发学生想象、推理、判断，让学生结合原始社会的生活情况去思考哪些字是先产生的，哪些字是后产生的。学生们知道古代人在生活中发现火的用途，学会使用火的方法，可能最直接的应用就是把肉放在火上面烤，所以推测"炙"字是最早创造出来的。等到人类发明器具后，"煮""蒸"等字才会被发明出来……在这些丰富的活动中，同学们对汉字蕴含的历史和故事产生了浓厚的兴趣。它们不再是简单的符号，而是充满了故事。

有一次，我们班开展学生聚会，学生和家长一起到北京门头沟的山里，在风景秀丽的小溪边开展活动。吃饭的时候，五六个孩子提议玩游戏，有家长就说："我们说偏旁，你们来抢着答字，看谁说得多。"几个孩子热烈地抢答起来。最后问到月字旁有什么字，小義看着自己的手发愣，他的妈妈看别的孩子说了很多，就特别着急，便生气地对着小義嚷："你怎么回事，这个月字旁的字你真的说不上来吗？"小義看看妈妈没说话，我赶忙把话题岔开了。

后来大家下河抓虾去了，我走到小義身边问他："月字旁的字，你真的想不起来？我不太相信，你发愣干什么呢？"小義告诉我，他其实想到了月字旁的字"胳膊"，但是他看到自己胳膊上连着的手，忽然困惑起来，这个"手"为什么不是月字旁呢？还有为什么"口"也没有月字旁，"鼻"也没有月字旁？眼睛、眉毛、头发都没有月字旁，会不会是月字旁的字表示的都是衣服覆盖的部分，比如胳膊、腿、腹、臀？真没想到一个三年级的孩子居然可以这样思考问题，看来平时学习汉字时，对汉字特点的渗透见效了。

我赞赏小義会深入思考问题，把同学们叫到一起，把小義的发现讲给大家听，请同学们思考，还有什么可能，让口、鼻、眼睛等字没有月字旁。同学们的答案多种多样："可能古代的人觉得口、鼻、眼很容易就画出来了，于是就直接用形象表示，就是象形文字。""也许人们最早不需要说得那么细致，胳膊腿不用分开表达。""胳和腿都是形声字，因为大腿和小腿画不太分明，人们造出形声字，方便学习记忆。"……听到学生的发言，我真是特别激动，小小的年纪就像汉字专家一样，努力思考的样子真是一道风景！

后来，我又借助小義的名字，给学生讲述带有"羊"的字寓意大都很好，比如義、祥、美等，并告诉学生汉字是有灵魂的，里面藏着中华祖先对美好生活的追求，对幸福快乐的理解，对美与丑的衡量标准，让学生充分感受汉字的独特魅力。

打开心扉-——学生小讲堂

一天中午,牛牛的家长焦急地找到我,说最近发现孩子越来越内向,越来越不爱说话,有些担心。后来,我在班里认真地观察牛牛,发现他喜欢从书架上选择军事和兵器之类的书看。为了走进他的内心,我要和他建立共同语言,于是我特意把家里儿子订的整套杂志《中国兵器》带来送给他。他很高兴,如获至宝地回到位子上,看得很开心。休息时,我跟他聊起来,自然地问他为什么最近在家里不爱说话。他告诉我妈妈总是问他学习的事,剩下的什么都不问,他就不愿意多理睬妈妈了。我跟他聊了很多坦克、枪械方面的知识,还请他给我讲各种坦克的区别,他讲得头头是道,我不住地夸赞他。

看来,可以借助牛牛的这个爱好打开他的心扉。我邀请牛牛:"你懂得这么多兵器知识,能不能给咱们班同学扫扫盲,开个兵器小讲堂?咱们班很多同学,什么武器都不知道呢。"牛牛快乐地答应了。

正好快到"七一"了,我和牛牛妈妈一起商量,让妈妈帮助他搜集资料,准备PPT,要求妈妈在陪伴孩子的过程中要耐心,多鼓励孩子,赞美孩子。在牛牛准备的过程中,他和妈妈的话也多了起来。因为牛牛平时读了很多书,所以他的讲座内容特别丰富，从建党初期的简陋兵器，抗日战争时的小米加步枪，再讲到解放战争、朝鲜战争时的枪械，最后呈现现在先进的武器，仅仅几十分钟的时间，就让全班同学了解了我们的百年兵器发展史，感受到了新中国的巨大变化，还宣扬了革命精神。讲座结束后，我和同学们为牛牛送上了最热烈的掌声，并希望他以后继续分享给我们这方面的知识。大家对牛牛有了新的认识，眼神中充满赞美，这让牛牛开心地笑了。

家长会上，我让牛牛妈妈介绍了牛牛给班里设计的小讲堂活动，家长们都觉得这种学习革命文化的活动非常好，于是有家长建议，带学生去参观坦克博物馆。活动就这样拓展到了校外。

从那以后，牛牛对兵器研究更加热情了，经常在班里发表最新研究心得。他还在自己生日那一天郑重向全班宣布"我的理想是长大后，当一名军事科学家，设计出最先进的武器保卫我的祖国"。他的妈妈也对自己的儿子刮目相看，眼前这个在讲台上充满自信、滔滔不绝的孩子，充满阳光，妈妈再也不用担心了。

教师要打开孩子的心扉，走进孩子的内心世界，就需要"对症下药"，找到适合的钥匙。

比赛失利——如何面对困难

学校运动会的接力比赛要求全班40个学生都参加。比赛中，我班有一个学生摔倒了，还有两个比较胖的学生跑得很慢，另外两个学生交接棒时掉棒，所以没有得到冠军，大家都很沮丧。

下午，我一走进教室，就听见学生在激烈地讨论着，主要是在埋怨这几个学生拉后腿，一个个情绪激动，不停指责。根据我多年的带班经验，这种集体活动经常是这样，如果拿到了好成绩，可以有效地增进班级凝聚力，如果遇到挫折，就很容易归因于个别人，带来班集体的不团结。作为教师，非常有必要引导他们认识到，所谓集体，就是要共享荣誉，共担困难，大家一起向前走才是最重要的。

怎么做呢？我想到了向阅读寻求力量。

放学前，我留了作业学习单，让学生去收集资料，思考从古至今，中国人遇到巨大困难时的做法，并举例说明。

第二周在班级汇报的时候，大家的发言多种多样，有的讲了南泥湾的故事，有的讲了新中国成立初期抗美援朝的故事，有的讲了女娲补天、大禹治水、精卫填海的故事。

我让学生分析这些故事的相同点和不同点。学生通过讨论发现：中华民族五千年历史中，遇到了无数困难，有时候，这些困难看起来令人绝望，但是，我们从来没有向困难低头，没有因为这些困难互相指责、互相埋怨，而是团结一致，以惊人的毅力和智慧去克服困难。中华民族源远流长，自强不息，我们要继承这种精神，积极面对挫折和困难。

我还请学生关注当今社会的优秀人物。同学们讲述了许多优秀人物的故事：杨利伟、屠呦呦、张桂梅……我们从这些人的身上看到了可歌可泣的民族精神。这时，有关注新闻时事的学生提出，他看到了我国在新疆的盐碱地成功养殖海产品的新闻，科学家们一次一次尝试，经过几年的时间，终于在盐碱地养出了鲜美的大螃蟹和欢蹦乱跳的鱼虾，极受海内外人民的喜欢。在不可能养鱼的地方养鱼，在最不利于生命存活的地方发展生产，靠的是科技进步，更靠的是团结一致，一起克服困难。

最后，我们一起欣赏了毛泽东诗词《七律·到韶山》："别梦依稀咒逝川，故园三十二年前。红旗卷起农奴戟，黑手高悬霸主鞭。为有牺牲多壮志，敢教日月换新天。喜看稻菽千重浪，遍地英雄下夕烟。"

创设情境——让学生沉浸在文化中

中华传统节日拥有源远流长的历史，它们是中国传统文化的重要组成部分。要想加深小学生对传统节日和文化的理解，就需要借助具体的事物和活动，设计真实的节日情境。

中秋节临近时，我们在教室中进行了精心布置，烘托中秋节的气氛。课桌上摆放了月饼，天花板上悬挂带有谜题的字条，实践活动时，一一展示有关中秋节的图片、视频，一起体会中秋团圆的内涵，探索中秋节在中国人心中的重要意义。

为了让学生有沉浸式的体验，我们允许学生在这一天穿汉服上学，学生穿上古代服饰后，举手投足都变得不一样了，他们不仅体会到服饰的风格特色，欣赏精美纹样，还在行动过程中感受到传统服饰自然而然地影响人的举止修养。一天的体验后，有学生说："穿上这种服饰我就觉得自己很有文化，走路应该优雅些。"

这一天，我在课堂上借助天文知识向学生介绍中秋节的起源——一开始，中秋节属于二十四节气中的"秋分"，后来才调至八月十五，所以也叫中秋节。这个冷知识极大地引发了学生的兴趣。

在讲解中秋团圆的习俗后，我和学生一起借助资料探讨上古时代祭月的习俗，一起了解中秋节的祭拜文化。活动中当然还要结合咏月的诗句细细感悟，如"明月几时有，把酒问青天""海上生明月，天涯共此时"等著名诗句，让学生充分体会中秋节在古诗文化中的印记。

在这种专门营造的节日环境中，我教学生古代的行礼方式和师生问好的礼节。学生感到最新鲜的是设计"拜月台"，大家的创意层出不穷。学生们在拜月活动中分析了传统节日的文化习俗对现代生活的影响。我们还利用班级文化墙、黑板报等宣传节日文化。

高年级的学生思维有一定深度，一位老家在福清的学生以福清拗九节为例讲述了此地区特有的传统节日，给学生们留下了很深的印象。他以民间流传的"目连救母"为历史背景，讲述民间传说故事，丰富大家对拗九节的认识，还分析了福清方言"七兴八败难过九"，学生们都听得津津有味。

春节、清明节、端午节、中秋节等传统节日都是教育的契机。清明节可以踏青、制作鼠曲粿；端午节可以包粽子、做蛋品设计；重阳节可以去登高，这些活动，学生都非常喜欢。我和家长还引领学生积极运用互联网的优势，通过微信群、公众号等，在节日来临之际宣传传统节日，使学生积极参与到传统民俗活动中，真正认识并爱上传统节日。

对比感悟——什么是勇于担当

中秋节到了,学生们分享了与中秋节有关的风土人情和民间故事。一个学生介绍了他在金易编写的《宫女谈往录》中读到的一位叫荣儿的宫女讲述的故事。当时正是八国联军进北京的那一年,慈禧太后逃出了京城,在逃亡的路上恰逢中秋,这位太后慌乱之中亦未忘旧礼古俗,便在寄寓的忻州贡院中举行了祭月之礼。在庭院的东南角上,摆上供桌,供桌上放四碟水果、四盘月饼,月饼叠起来有半尺高。另外,中间用一个大木盘盛放着直径一尺的圆月饼,由皇后带着妃子、格格等行礼。之所以在逃难中还准备如此隆重的仪式,是因为慈禧唯恐有一点礼仪不周,得罪了神鬼,给自己降下灾难。

这个学生讲得非常生动,学生们听得津津有味。但我听完后,觉得如果仅止于精彩的故事分享,这个活动有点可惜,想起前不久刚请学生看过的电影《长津湖》,同样是在国家和民族面临巨大危难的时刻,中国人民志愿军勇敢地选择了抗美援朝,并在极端困难的情况下取得了胜利。何不请同学们进行一下对比呢?

学生观看《长津湖》时,精神上都受到了很大的震动,他们纷纷对比起二者的异同。清朝统治者和新中国的领导人面对外来侵略者,前者只顾着自己逃命,祭拜都是为了自己的平安;后者为了全国人民的幸福，勇往直前。

最后，我们分享了鲁迅的《中国人失掉自信力了吗》里的经典段落："我们从古以来，就有埋头苦干的人，有拼命硬干的人，有为民请命的人，有舍身求法的人。"通过这个总结，学生了解了我们民族精神的底色，在对比感悟活动中慢慢地建立起大格局。

国家认同——祖国多辽阔

国庆节前出板报,学生画的板报非常精美。在细致观看之后,我发现两个问题:一是手绘的中国地图是横版的,没有加入南海;二是配的文字里写的国土面积是960万平方千米。

我本想直接告诉学生问题所在,但转念一想,简单纠正错误很容易,但是如果借此机会让学生自己探究,他们就会印象更加深刻。于是,我们开展了"祖国多辽阔"的主题活动。

学生们通过查资料、假日旅游、地图拼一拼活动展开探究。在成果汇报中,他们了解到了关于祖国的大量地理知识:

• 我们组调查得知,我国是世界上面积第三大的国家,差不多与整个欧洲的面积相等。我国的面积远远超过英、意、德、日、法这五个国家的面积之和。

• 我们组有同学发现我国的山形态各异。广西桂林的山奇峰罗列,十分灵秀。张家界的山拔地而起,像利剑,直入云霄。我们的祖国地形多样,山水真是太美了!

• 我们一家人在哈尔滨时,大雪纷飞,气温只有零下5℃,可飞到海南就是温暖的25℃,很多小伙伴们还吃着冰激凌。我感受到祖国真辽阔。

我抓住契机问:"我们祖国有如此美丽和辽阔的国土,这一切离不开谁的守护呢?"

学生回答:"警察、军队……"

我顺势把守护南海的纪录片放给学生看,并请学生在地图上标出南海诸岛的位置。接着,学生讲述了郑成功收复台湾、左宗棠收复新疆、抗日战争、香港和澳门回归等与国土相关的故事。

守护国土,是永恒的爱国主题,不仅在动荡的战争时期,在和平年代亦是如此。我补充讲述了英雄陈红军和战友们在中印边境冲突中保家卫国、英勇牺牲的事迹。学生们被战士们的英勇无畏和爱国之情深深地打动,深刻地体会到了每一寸国土的珍贵。

最后,回归到"新时代少年的爱国行为"这一议题上。学生们集思广益,从学习、生活等方面发表了自己的看法,心中红色的中国版图形象更加壮美,轮廓更加清晰。

周末,我留了作业:观看抗美援朝的纪录片,写观后感。"这场仗如果我们不打,就是我们的下一代要打。我们出生入死,就是为了他们不再打仗。"影片中的豪言壮语感动着每一位学生,像一把刻刀一样在孩子们的意识中铭刻下珍爱和平、报效祖国的红色印记。

这一次的作文,孩子们个个都写得特别棒。他们自觉引用歌词:"我和我的祖国,一刻也不能分割,无论我走到哪里,都流出一首赞歌。我歌唱每一座高山,我歌唱每一条河,袅袅炊烟,小小村落,路上一道辙。我最亲爱的祖国,我永远紧依着你的心窝。"对国家的认同感在学生作文的字里行间流淌。

这次主题教育活动之后,不仅板报上的错误得到了纠正,学生在升旗仪式上的表现也大有改观,东张西望、交头接耳转变为整齐划一、庄严肃穆。

找回雷锋精神——谱写"雷小锋绘本"

随着经济社会的发展，大家的物质生活都丰富了。这当然是好事，但是，作为教师，我发现这导致了新的教育问题：物质生活充裕了，学生的精神格局并没有相应地扩展，反而沉溺于对物质的过度追求，他们经常对物品的小瑕疵斤斤计较，我能明显感到一种精致的利己主义思想在蔓延。

比如，午餐时发橘子，有的学生看到橘子皮上有个小坑，就非要换个完好无损的才罢休；还有的学生发现新卷子缺个角，虽然这对考试并没有影响，他也会很不高兴，非要跟别人换；还有个别自私的学生让自己的座位占了很大面积，丝毫不顾别人。

针对这种现象，我想还是要引导学生把目光从关注物质生活移向精神生活。我想到了雷锋这个精神楷模——我一直认为，雷锋精神是我们宝贵的精神财富，它不仅没有过时，在这个时代反而更加熠熠生辉。

于是，班里开展了谱写"雷小锋绘本"的活动。

首先，我请学生通过一星期的观察，找一找同学身上的优点和问题，在班会上进行交流，然后分组讨论影响班级和谐的主要问题。在此过程中，学生们感受到许多矛盾的发生都与自私自利有关，意识到自私自利已经成为影响同学友谊和班集体和谐的重要原因。

在此基础上，我们开展了"了解雷锋叔叔"的活动，让学生去寻找雷锋的故事，在班里讲述。系列故事会后，学生慢慢地理解了雷锋的光辉形象。雷锋乐于助人、勤俭节约、刻苦钻研、热爱祖国、不怕吃苦、勇于担当的美好品德，都清晰地印在了他们的心灵中。我让学生和雷锋对比，找一找距离，设定改进的目标。有小干部带头说，雷锋当汽车司机的时候，为了给国家节约汽油，认真钻研，成为节油模范，自己也要努力践行"勤俭节约"的精神；有学生了解到雷锋出差时在火车上主动做好事，于是给自己设定了"乐于助人"的目标……

雷锋精神像一面镜子，照出了学生不同的问题，激励他们主动反思，不断提升自己。

当同学们都找到了自己要向雷锋学习的地方后，我们开始续写雷锋日记。我在黑板旁挂上一个漂亮的日记本，每当有学生发现了别人有体现雷锋精神的行为，就会记录在这个本子上。一段时间后，小本子上已经记满了故事。大家把这些故事梳理出来，请班里绘画最棒的同学设计了"雷小锋绘本"，绘制成了连环画。

这一系列活动后，班风有了很大的进步。

雷锋虽然离开我们很久了，但雷锋精神却跨越了时代，历久弥新。通过这个活动，雷锋精神在学生们的心里扎下了根。现在，同学们时刻以"勤俭节约""助人为乐""善待他人"作为自己的行为准则，更加关注自己的精神成长，再也不像从前那样把目光紧紧盯在物质上了。

公益列车——感悟社会主义

课堂里经常讲"社会主义",但是对小学生来讲,社会主义是一个抽象的概念,要想让他们真正理解,就要用真实的例子进行阐释。

上课之初,我给学生们讲了什么是共同发展、共同富裕。

之后,我请大家看了一段视频。这段视频的主题是"中国目前最慢的火车"。当看到猪羊排队往车厢里挤,角落里全是各种农产品,火车像一个移动的菜市场时,学生都很吃惊。从解说中,学生知道:这是一辆公益列车,最低票价只要两块,几十年都没涨过价。如此魔幻的场景就发生在穿越武陵山脉的7272次火车上。它从湖南的怀化开往梅江,坐满全程180千米,只需要12块钱。

老乡们每天都会背着山里的土特产,乘三个小时的火车去县城售卖。过年过节,还允许农民把成群结队的猪和羊赶上火车,并安排到专门的车厢,不影响其他乘客。除此之外,还为来往的学生开设了专门学习的车厢,满足山里孩子的需求,让大山里的孩子也有了走出大山的希望。这趟车已经运行了几十年。

接下来,我让学生拿起笔,用自己学过的数学知识计算火车的运营成本。学生很快就认识到,对铁道部门来说,开行这一列火车意味着巨大的亏损。

接着我让学生听了对当地农民的采访。

一位年老的果农一提到这列火车就连连称谢:"要是没这趟车,我们会穷一辈子!"

一位在漾头站上车的菜农被箩筐划伤了手,流血了。乘务员赶紧到工作间取了消毒水与创可贴,给他处理伤口。菜农感动地说:"这是最温暖的火车。"

还有一段话最打动学生。被采访人田昌仪说7272次列车2006年4月18日正式运营,他挑了100斤柑橘来坐火车。那天在铜仁,柑橘2元钱一斤,比在麻阳贵20倍。不到一个小时,他的柑橘就卖完了,而到铜仁的火车票价只有3元。自从政府为农民开了这列火车,水果好卖了,大家的胆子也大了,步子就迈开了,现在,他们不仅种柑橘,还种上了枇杷、李子、桃子等,四季的水果都有,销售也旺,一天最少能卖到200元,多的时候有三四百元。十几年里,田昌仪搭着火车,把自家的水果卖到了贵州,不仅供5个子女上学,家里还盖上了三层的新楼房。偶尔,他也会给自己放几天假,坐着高铁、飞机去北京、上海、广州等大城市旅游。"我还想去国外看看,以前总是在电视里看到外面的世界,现在日子过好了,我也想走出去感受下。"

学生在这些真实的故事中感到这列最慢的火车承载着的风景。视频结束,我总结道:中国很大,很多地方已经过上了富裕的生活。作为政府,没有放弃欠发达地区,而是采取各种方法,带领所有人一起追求美好生活。这就是社会主义的特点之一——为了所有人。

小学生的思维是直观、具体的,在讲解一些相对抽象的概念的时候,一定要使用生活化的经验帮助他们理解。如此,才不会使教育流于空洞。